생각 한스푼의 기적

생각 한 스푼의 기적

초판 인쇄 2008년 10월 5일
초판 발행 2008년 10월 10일

지은이 윌리엄 앳킨슨
옮긴이 권인택
펴낸이 유제구
펴낸곳 파워북
주소 서울 마포구 염리동 161-5 대동빌딩 4층
전화 (02)-730-1412
팩스 (02)-730-1410
등록번호 제300-1997-13호

값 10,000원
ISBN 978-89-8160-108-9

• 잘못 만들어진 책은 사신 곳에서 바꿔드립니다.

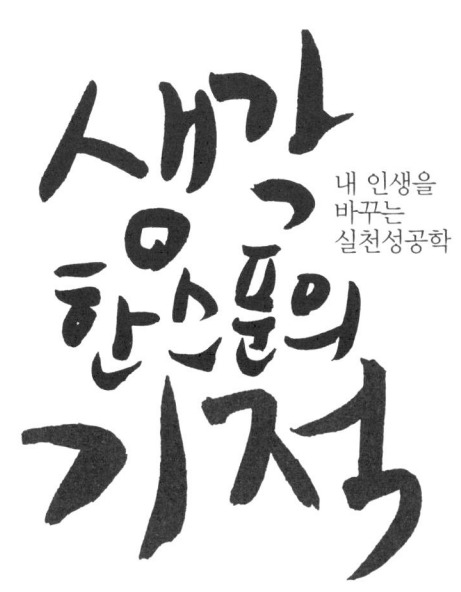

내 인생을
바꾸는
실천성공학

지은이 **윌리엄 앳킨슨**
옮긴이 **권인택**

파워북

일러두기
앳킨슨이 제시하는 변화의 길을 따라가려면 새로이 자신을 느껴보는 것이 필요하다. 각 장이 끝날 때마다 〈한 스푼 Tip〉이라는 제목으로 생활 속에서 가볍게 적용해볼 수 있는 방법을 소개하고자 한다.
나중에 나오는 〈마인드테크닉〉을 따라해 보는 데에 많은 도움을 줄 것이다.

당신에게는 행복할 권리가 있다.
당신에게는 성공할 권리가 있다.
그 권리를 찾고 싶은가?
먼저 껍데기뿐인 자신의 알을 깨뜨리고, 진정한 자기 자신부터 찾아라!
HOW? 어떻게?
OPEN THE DOOR! 문을 열어라!
OPEN THE MIND! 마음을 열어라!
친구여, 자신의 길을 따라가라.
파랑새는 네 안에 있다.

새는 알을 깨고 나온다. 알은 세계다.
태어나려는 자는 한 세계를 파괴해야만 한다.
_헤르만 헤세

진정한 '나'를 알면 새로이 무엇을 할지 알고
그 자아를 실현할 수단을 확보한다.
_윌리엄 앳킨슨

CONTENTS

지은이의 말 '새로운 인생의 문'-당신 안에 있는 행복과 성공

옮긴이의 말

OPEN THE DOOR 그리하여 그들은 하늘을 날았다

01 열려라, 참깨! 021

열린다는 생각을 하면 반드시 열린다 | 이 세상에서 가장 위대한 것은 생각이다 | 생각은 비슷한 생각을 끌어온다 | 한 스푼 Tip 1 세상의 향기에 말을 걸어라

• 마음속의 생선

02 마음의 보석상자 037

마음의 법칙이 세상을 움직인다 | 당신만이 당신 자신을 변화시킬 수 있다
| 한 스푼 Tip 2 나의 우주로 날개를 펴라

- 어느 날 당신에게 배달된 상자

03 마음의 암호코드를 찾아라 051

다른 사람의 마음을 움직이는 테크닉 | 마음속 쌍둥이의 비밀코드를 풀어라
| 암시는 자꾸 할수록 힘이 생긴다 | 잘 듣는 것만으로도 성공할 수 있다
| 대화의 방법 | 한 스푼 Tip 3 달콤한 잠에 빠져라

- 마음속 토끼와 거북이

04 OPEN THE MIND 1 눈의 문을 열어라 071

눈빛 리모컨 작동하기 | 상대의 눈빛을 붙잡기 | 마음을 끄는 시선 얻기 | **한 스푼 Tip 4** 화를 다스리는 법을 배워라

- 쥐들의 대화
- Mind Technic 다른 사람의 마음을 끄는 시선 만들기

05 OPEN THE MIND 2 의지의 문을 열어라 093

의지력이란? | 인생의 비밀을 풀다 | 나에게도 '운명의 별'은 있다 | 뿌려진 씨는 때가 되면 자란다 | 바로 '그 사람'을 향해 쏴라 | 긴 관을 통해 상대를 바라보기 | 생각의 오라를 뿜어내라 | **한 스푼 Tip 5** 거울 앞에서 이야기하기

- 의지의 문이 열리면
- Mind Technic 의지력 강화하기

06 OPEN THE MIND 3 **성격의 문을 열어라** 131

진정한 자아가 성공의 열쇠이다 | 성격의 습관을 부수는 비밀 | 모든 사람은 자기 자신의 최면술사이다 | **한 스푼 Tip 6** 나쁜 버릇 고치기

- 새로운 삶은 준비된 사람에게만 찾아온다
- Mind Technic 약점 고치기

07 OPEN THE MIND 4 **집중의 문을 열어라** 155

인생을 바꾸는 기술 | 꿈만 꾸지 말고 지금 당장 시작하라 | 무엇을 하든지, 전력을 다하라 | 생각의 코트를 바꿔 입어라 | **한 스푼 Tip 7** 초침 바라보기

- 성공한 사람과의 차이
- Mind Technic 집중력 강화하기

08 OPEN THE MIND 5 **생각의 문을 열어라** 179

생각은 실체이다 | 마음이 낳은 자식들은 쉽게 사라지지 않는다 | 생각에는 끌어당기는 힘이 있다 | 저주는 둥지로 되돌아온다 | 생각은 행동을 통해 자신을 드러낸다 | 인생을 향해 큰 소망의 파동을 보내라 | 한 스푼 Tip 8 글 읽고 쓰기

- 변화와 성공의 큰 비밀

FIND THE WAY 자신의 길을 따라가라 198

지은이의 말
'새로운 인생의 문'-당신 안에 있는 행복과 성공

이 책은 처음엔 강연을 위한 노트였다. 때문에 매우 실용적인 내용으로 구성하였다. 청중들을 앞에 앉혀놓고 말하는 것이라 딱딱한 겉치레 표현은 모두 생략했다. 오로지 실제적으로 도움이 되는 메시지를 전달하는 데 최우선의 목표를 두었다.

나의 목적은 당신을 바꾸는 것이다. 누구에게나 잠재된 무한한 능력을 사용할 수 있도록 해줄 수는 없을까. 그것이 내가 소망하는 전부이기 때문이다.

나와의 만남을 통해서, 당신이 인생을 바꾸는 결단을 할 수 있으면 좋겠다. 이 한 권의 책이 마음에서 두려움을 없애 "난 할 수 없어"가 아니라 "난 할 수 있어, 난 해내고 만다!"라는 생각을 심어주길 희망한다. 또한 당신이 나를 만남으로써 과거에서 벗어나 보다 좋은 미래로 향할 수 있기를, 궁극적으로 '본래의 나'를 발견하고 그것이 행복과 성공의 원리임을 깨닫게 되기를 바란다.

자, 지금부터 생각의 놀라운 비밀을 공개한다. 그리고 그 무한한 능력을 사용할 수 있는 구체적인 방법도 제시하고자 한다. 미사여구로 가득 찬 그림의 떡이 아니라, 직접 당신 손으로 쥘 수 있는 떡을 주고자 한다. 내가 걸었던 그 길을 당신에게 보여주려 한다. 믿고 따라오면 된다. 후회할 일은 없을 것이다.

지금 당신 앞에 새로운 밧줄이 놓여 있다. 잡을 것인가? 이제, 이 책을 펼치는 것은 당신에게 또 다른 의미가 된다. 당신은 지금까지와는 전혀 다른 새로운 인생의 문을 노크하는 것이다. 변화에 대한 열망이 당신과 나를 만나게 했듯이, 새로운 문을 열 수 있는 용기도 이미 당신에게 있다. 자신 있게 열고 들어가라!

    이런 일은 내가 반드시 해야만 한다고 느꼈다. 왜냐하면 그 안에서 위대한 진실이 싹트고 있기 때문이다.

윌리엄 W. 앳킨슨

옮긴이의 말

우리들은 도깨비 방망이 이야기를 들으며 자랐다.

"금 나와라 뚝딱!"

"은 나와라 뚝딱!"

외치는 순간 금과 은이 쏟아진다. 풍요와 행복이 쏟아진다.

지혜로운 조상들은 그렇게 당신에게 도깨비 방망이를 물려주었다. 풍요롭고 행복하게 살아가라고. 이 세상은 어렵지 않은 것이라고. '금'을 생각하고 '금'을 말하기만 하면 '금'이 나온다고. 이 우주의 법칙을 알려주었다.

당신은 지금 풍요롭고 행복한가? 혹 도깨비 방망이를 잃어버린 것은 아닌가? 많은 사람들은 도깨비 방망이가 없지 않느냐고 한다.

금과 은을 만들어 내는 마법의 도깨비 방망이가 따로 있는 것이 아니다. 당신 안에 이미 도깨비 방망이가 있다. 금을 원하면 '금'을 부르기만 하면 된다.

성공을 원하면 '성공'을 부르기만 하면 된다. 쉽고 재미있고 성공적인 삶, 바로 당신이 그 주인공이다. 인생을 즐겁다고 생각하면 즐거운 인생이 된다. 지금부터 성공, 기쁨, 행복의 도깨비 방망이를 찾는 여행을 떠나보자.

어떻게 사람의 마음을 끄는 힘을 키울 것인지, 눈의 힘과 의지의 힘을 어떻게 발휘할 것인지, 성격을 어떻게 고칠 것인지, 집중력을 어떻게 강화시킬 것인지, 앳킨슨이 제시하는 실천 매뉴얼을 따라가 보자.

생각의 위대함을 알아가는 그 길에서 새로운 자신을 발견하게 되고, 변화와 성공의 큰 비밀을 알게 될 것이다. 결국 당신 인생의 '도깨비 방망이'를 손에 쥐게 될 것이다.

권인택

*이 책이 나오기까지 많은 분들이 수고를 아끼지 않으셨다. 나에게 인생의 깊은 비밀을 가르쳐주신 정 신수님을 비롯하여 애쓰신 모든 분들에게 한없는 사랑과 감사의 마음을 전한다.

OPEN THE DOOR

그리하여 그들은 하늘을 날았다

우리의 인생은 우리의 생각, 즉 사고 과정의 산물이다. 당신이 현재의 당신이 되도록 한 것은 당신의 생각 그 자체이다. 그러므로 성공의 비결은 바로 당신의 내면에 있다고 할 수 있다.

_클라우드 M. 브리스톨

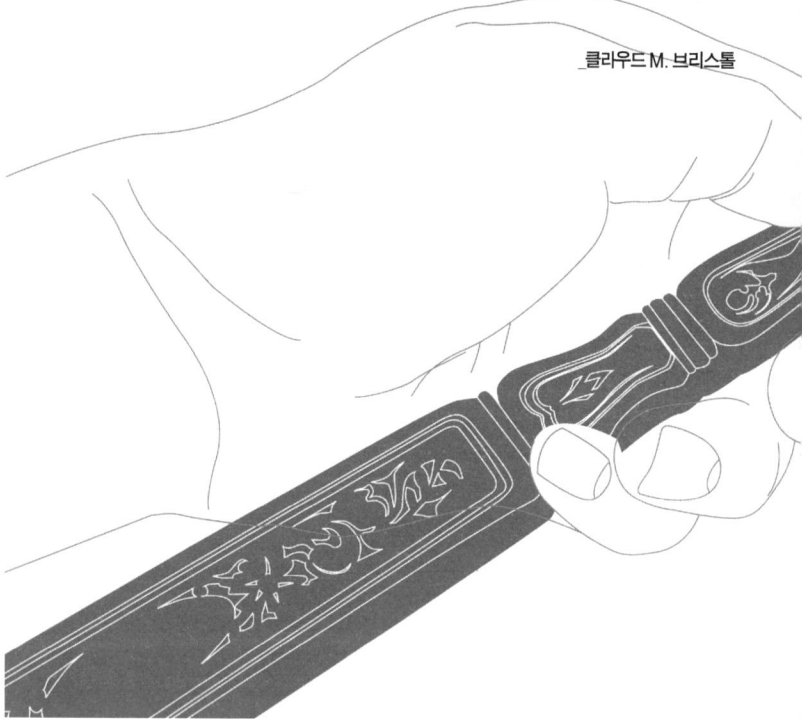

아주 오래 전 많은 사람들이 생각의 위대함을 모르고 있었을 때, 이 지구에 와서 세상과 우주를 지배하는 위대한 힘과 법칙을 이야기한 사람이 있었다. 백 년이 넘는 시간을 뛰어넘어 그가 우리 앞에 왔다. 생각으로 어떻게 기적을 만들 수 있는지 보여주기 위해. 새로운 인생을 살아가고자 하는 우리들에게 그 방법을 알려주기 위해. 지금 그가 우리를 부르고 있다.

"가장자리로 와" 그가 말했다.

그들이 대꾸했다. "안 돼, 무서워"

"가장자리로 와" 그가 다시 말했다.

그들이 왔다.

그는 그들을 떠밀었고

그리하여 그들은 하늘을 날았다.

_기욤 아폴리네르

01
열려라 참깨!

지혜가 있는 사람이라면
생각의 창조력이 자신의 손에
쥐어진 무적의 무기요,
그것으로 운명의 주인이 된다는
사실을 쉽게 이해할 것이다.

_찰스 해낼

"열려라, 참깨!"

알리바바는 이 말로 부와 성공,
행복의 문을 열었다.
한번 문이 열리자 행복과 기쁨이
그의 삶으로 빨려들어 왔다.
마치 그가 블랙홀인 듯이.
운명으로 예정되어 있었던 것처럼.
그를 가로막으려던 장애물은 여지없이
치워졌다. 왜 그랬을까?
대체 무슨 힘이 그를 인도했을까?
그것은 알리바바가 오직 그렇게 원했고,
그렇게 외쳤기 때문이다. 나는 부자가
될 거야, 나는 성공할 거야,
나는 행복할 거야.

그래서 나는 이 문을 열고 들어갈 거야.
그의 강한 소망은 그렇게 기적을
만들어 냈다. 기쁘고 행복한 삶을
생각하고 그렇게 말하기만 하면
우리의 인생은 말한 대로 이루어진다.
단지 생각하고, 믿고, 외치기만 하면 된다.
이제, 행복과 성공을 이루는 삶,
바로 당신이 그 주인공이다.

열린다는 생각을 하면 반드시 열린다

 세상 모든 일이 마음먹은 대로 된다면? 인생 참 살기 편할 것이다. 그렇다면 말한 대로 이루어지는 것은 동화 속에서나 나오는 일일까? 아니다. 현실에서도 가능하다. 하지만, 단지 우리가 모르고 있을 뿐이다. 자신 안에 도대체 어떤 힘이 있는지 한평생 살다가도 끝까지 모르고 가는 사람들이 많다. 우리 인간에게는 아주 특별한 것이 있다. 바로 '생각'이다.

 생각은 파동을 내보낸다. 마음이 만들어내는 모든 생각은 미묘한 흐름, 곧 파동이며 힘이다. 우리가 생각할 때의 자극에 따라 파동의 세기가 달라지긴 하지만, 마음이 내보내는 생각의 파동은 아주 멀리까지 퍼져나간다. 생각의 파동이 강력하면 할수록 그 효과도 매우 크다.

 그렇다고 생각의 파동이 약하면 아무것도 할 수 없다는 말은 아니다. 생각의 파동이 약하더라도 끊임없이 내보내면 같은 효과를 낸다. 같은 생각을 반복한다는 것은 사실상 같은 파동을 계속 내보낸다는 뜻이다. 따라서 그 파동보다 훨씬 강한 장벽이 앞을 가로막고 있더라도, 결국 무너뜨리고야 만다.

그러므로 열린다는 생각을 하면 반드시 열린다. 상대방이 아무리 견고한 마음의 벽을 쌓고 있어도 마찬가지이다. 떨어지는 물방울이 단단한 바위를 뚫는 이치와 같다.

우리는 생각하는 것보다 훨씬 많이 다른 사람들의 생각에 영향을 받는다. 프렌티스 멀포드Prentice Mulford가 "생각은 실체이다thoughts are things"라고 이것을 아주 정확하게 표현했다.

생각은 실체이며 가장 강력한 존재라는 사실, 이 비밀을 알아야 한다. 그 놀라운 힘을 지배하는 법칙과 본질을 이해하는 사람은 그 힘의 주인이 될 수 있다. 하지만 모르고 있다면? 알지도 못하는 존재에게 운명을 맡긴 것과 무엇이 다를까.

우리가 만들어낸 모든 생각은 약하거나 강하거나, 또는 선하거나 악하거나 상관없이 그 파동을 내보낸다. 그리하여 우리가 직접 접촉하는 사람들뿐만 아니라, 그 생각의 파동이 미치는 범위에 있는 모든 사람들에게도 영향을 미친다.

연못에 던져진 조약돌이 만들어내는 잔물결처럼 생각의 파동도 그 중심에서 원을 그리면서 퍼져나간다. 물론 어떤 특정한 대상으로 생각이 집중되면 파동도 그쪽으로 강하게 일어난다. 나비의 날갯짓이 태풍을 일으키듯, 우리의 생각은 다른 사람들에게 영향을 주며 퍼져나간다. 그것도 일시적이 아니라 영원히. 뿐만 아니라 처음에 내보낸 생각의 파동은 되돌아와서 자신에게도 영향을 끼친다.

결국 우리는 자신의 생각으로 빚어진 존재이다. 그리고 그 생각을 따라 새로운 존재로 되어 간다. 그러므로 "그 마음의 생각이 어떠하면 그의 사람됨도 그러하다."라는 성경의 잠언 구절은 핵심을 제대로 짚은 말이다.

이 세상에서 가장 위대한 것은 생각이다

생각하기에 따라 우리의 마음은 쉽게 '우울'해지기도 하고 '명랑'해지기도 한다. 그런데 사람들은 같은 생각을 반복하면 성격과 외모가 변할 수 있다는 사실을 잘 모른다. 어떤 사람을 계속 미워하면, 그 마음을 따라 자신의 얼굴도 일그러지고 흉측하게 변할 것이다. 반대로 즐겁고 감사한 생각만 해보라. 못생긴 얼굴도 환하고 매력적인 모습으로 보이게 될 것이다.

또 어떤 사람의 겉모습이나 성격을 보면 직업을 알아맞힐 수 있다. 이건 그 직업을 오래 계속한 사람에게서 나타난다. 오랜 시간 동안 그 직업에 맞는 생각만을 하다보면 외모도 그렇게 변해가게 마련이다. 우리 주변에도 흔히 이런 경우를 많이 볼 수 있다. 꼭 교사 같아 보이는 사람이 있고(알고 보면 진짜 직업이 교사다), 또는 장사꾼같이 보이는 사람도 있다 (알고 보면 이 사람도 비슷한 일을 하고 있다).

 이러한 현상을 어떻게 설명할까? 정확히 말해 바로 '생각'이 그 원인이다. 사람이 어떤 직업에 오랫동안 매여 있다 보면 생각들이 그 방향으로 바뀌게 되고, 나중에는 성격이나 외모에 그에 따른 변화가 나타난다. 당신이 주위를 조금만 살펴봐도 이에 대한 증거를 얼마든 찾아볼 수 있을 것이다.

 힘을 생각하는 사람은 힘을 얻는다. 용기를 생각하는 사람은 용기를 얻는다. '난 할 수 있어, 해내고 만다!'라고 생각하면 목적을 달성하고, 반면에 '난 할 수 없어'라고 생각하면 실패를 한다. 알다시피 누구는 성공을 하고 누구는 실패를 한다. 무엇이 극과 극의 결과를 가져올까? 그게 단지 '생각의 차이'라면 너무 간단해 허탈한 대답일까. 그러나 사실이다.

 하지만, 이 간단한 성공과 실패의 해답마저 저절로 되는 것은 없다. 성공에 대한 생각 자체를 안 하는 사람들이 많다. '설마, 내가 성공할 수 있을까?', '설마, 나 따위가 부자가 될 수 있을까?', '설마, 내 인생이 그렇게 화려하게 펼쳐질 수 있을까?' 이런 부정적 생각들은 온통 자기 인생을 짓누를 뿐이다.

성공을 누르고 있는 그런 부정적 생각들에서 벗어나 성공에 대한 강한 열망을 품어라. 얼마나 원하고, 또 원하느냐에 따라 생각은 기적처럼 현실로 이루어진다. 눈물 나도록 자신의 내부로부터 강렬히 간절하게 원해 보라. 그리고 외쳐보라. "나는 성공한 사람이다!", "나는 부자다!", "나는 위대하다!"…… 그러면 당신을 당신의 꿈으로부터 가로막고 있던 부정과 좌절의 에너지가 걷히고, 행복과 성공의 에너지가 당신에게로 쏟아져 들어올 것이다. 또한 그 생각이 강렬할수록 그에 따르는 행동이 자연스럽게 나온다. 당신의 꿈을 이루어주는 도구, 이 세상에서 가장 위대한 것은 바로 '생각'이다!

어쩌면 이런 이야기들이 전혀 새롭지 않을지도 모르겠다. 이미 오래 전부터 알고 있는 것들이라고. 그렇다면 왜 마음먹은 대로 이룰 수 없었는가? 안타깝게도 당신은 '난 할 수 있어'가 아니고 '난 할 수 없어'라고 생각했던 것이다. 이제부터는 '할 수 없어'가 아니라 '할 수 있어'로 바꿔 보자. 더 나아가 '난 해내고 만다!'로 바꿔 보기를.

  내 목적은 바로 한 가지, '당신을 바꾸는 것'이다. 그렇다고 어느 날 갑자기 당신에게 초능력이 생겨서 돌덩어리를 금으로 만들 수 있다고 생각하지는 마라. 지금 설명하려는 건 먹으면 바로 고쳐지는 신비한 마법의 약처럼 하늘에서 뚝 떨어지는 것이 아니다. 단지 본래 있던 힘을 사용할 수 있도록 하려는 것일 뿐. 내가 제시하는 방법을 따라오면 분명 몰라보게 변할 것이다. 당신은 자신감이 넘치는 사람, 영향력 있는 사람, 성공한 사람으로 변해갈 것이다. 꿈은 항상 이루어지니까.

생각은 비슷한 생각을 끌어온다

  '난 나의 주인이야, 난 할 수 있어'라고 생각해보자. 이걸 왜 되풀이해야 하냐고? 간단하다. 너무나 간단한 말이다. 그러나 이 한 마디에 비밀이 있는 것이다. 단지 생각을 하는 것만으로도 힘이 샘솟지 않는가? 당신이 떠올린 생각은 당신을

통해서 스스로를 표현한다. 말하자면, '생각은 행동을 통해서 자신을 드러낸다.'

달리 표현하면, '생각은 비슷한 생각을 끌어온다.' 좋은 생각은 다른 좋은 생각을, 나쁜 생각은 다른 나쁜 생각들을 끌어온다는 것이다. 강한 생각은 강한 것을 가져오고, 낙심을 하면 오히려 걱정과 근심을 키우는 것들만 따라온다. 모든 생각이 그렇다. 같은 종류의 생각들이 계속 쌓여간다. 두려움을 생각하면 온갖 종류의 두려운 생각들이 몰려온다. 두려움에 더 빠져들수록 바람직하지 않은 생각들은 더욱더 몰려온다.

이미 알고 있다고? 더 이상 반복하지 않아도 너무나 잘 알고 있다고 말할 참인가. 과연 그럴까. 고개를 쑥 들이밀고 자신의 마음속을 들여다보기 바란다. 진정 알고 있었는지, 혹시나 눈으로만 보고 있지 않았는지. 진정 마음으로 알고 있고, 받아들이고, 실천하고 있는지 잠시 눈을 감고 자신에게 물어보기 바란다.

'난 용기 있는 사람이야'라고 생각해 보자. 그러면 용기를 북돋아 주는 생각들이 우르르 몰려와서 도와준다. 직접 시험해 보라. 말하자면, 두려움을 잊고 자신에게 용기를 주는 생각을 해보라는 말이다. 두려움과 증오는 모든 나쁜 생각들의 원천이다. 당신에게 들어올 행복과 성공의 밝은 에너지를 차단하는 검은 벽이다. 부숴야 한다. 이 두려움과 증오의 근원을 잘라버려야 한다.

마음의 정원을 망치는 주범을 그 뿌리부터 뽑아버리자. 격정하고 의심하게 만들며, 머뭇거리게 하고 자존심을 잃게 만들며, 질투와 원한으로 상처를 입게 만들며, 마음에 음울한 잡초들이 자라게 하는 씨앗을 없애버리자. 당신의 긍정적인 생각을 가로막는 존재들을 지워버리자.

방법은 간단하다. 당신의 마음을 덮고 있던 좋지 않은 생각의 블라인드를 걷어내어 순수한 빛, 곧 밝고 기쁘고 행복한 생각들이 쏟아져 들어오게 하라. 그런 생각들이 들어오도록 허용하면 의심과 절망과 실패라는 어두움은 저절로 사라진다. 좋은 생각들이 당신을 춤추게 할 것이다. 자신에게 외쳐보자.

"나는 기쁘고 행복하다.
나에겐 언제나 좋은 일들만 일어난다."

> **한 스푼 Tip :: 1**

산책을 할 때, 차를 타고 시골길을 지날 때, 꽃밭을 지나갈 때, 꽃과 식물의 향기에 집중해 보자. 냄새의 종류가 매우 많다는 사실에 놀랄 것이다. 그중에서 하나만 선택하여 맡아보자. 이렇게 하다 보면 후각이 매우 예민해진다. 하지만, 냄새를 구별하려면 각별한 주의가 필요하다. 다른 생각이나 냄새에 대한 기억은 지워버리고, 찾으려는 그 냄새에만 집중해야 한다. 그렇게 하면 냄새를 맡는 능력이 향상될 것이다.

세상의 향기에 말을 걸어라

후각을 개발시키기 위한 훈련을 할 수 있는 기회는 얼마든지 있다. 밖에 나가거든 늘 냄새를 구별하려고 노력해 보자. 그러면 공기 중에 있는 온갖 종류의 냄새들을 다 맡을 수 있다. 그중에서 특히 하나에만 집중해 보자. 오랜 시간이 흐른 뒤에도 생생하게 기억할 수 있을 정도로.

마음속의 생선

먼저 생각이 실체임을 이해해야 한다. 그 존재의 형태가 물질이냐 진동하는 에너지이냐의 차이일 뿐, 실제로 존재하는 것임을 알아야 한다.

일본의 선사(禪師) 잇큐(一休)의 일화이다. 그가 어느 날 동자승을 데리고 길을 나섰다. 음식점 옆을 지나게 되었는데, 그때 생선 굽는 냄새가 흘러나왔다. 냄새를 맡은 선사가 입맛을 다시며 말했다.
"음, 맛있는 냄새로다."
이제 그 집을 지나 한참을 걸어갔다. 이윽고 동자승이 물었다.
"스님, 아까 음식점 앞에서 생선 굽는 냄새가 맛있다고 했는데 스님이 그런 말씀을 해도 되는 겁니까?"
그 물음에 선사가 대답했다.
"너는 그 생선을 여기까지 들고 왔느냐?"

동자승은 생선 생각을 계속했다. 그것은 곧 생선을 들고 다닌 것과 다를 바가 없었다.

손으로 무엇을 들고 다니는 것과 마음에 생각을 담고 다니는 것, 그 둘 사이에 차이점은 없다. 말하자면, 생각을 한다는 것은 곧 무엇인가 실체를 창조하는 것이다.

02
마음의 보석상자

네 의지가 현실로 확실하게
드러날 때까지 몇 번이고
되풀이해서 선택하라.

닐 도날드 월쉬

"자신의 마음을 지배하라!"

로마 군대의 한 장교가 랍비를 찾아와 말했다.
"당신네 유대인이 무척 현명하다고 하던데,
오늘밤 내가 어떤 꿈을 꿀 것인지 알려줄 수
있겠습니까?"
당시 로마군은 페르시아 군대와
대적하고 있었다. 랍비는 말했다.
"페르시아 군대가 로마를 기습하여 로마를
정복하여 지배하고, 로마인들을 노예로 삼고,
로마인들이 제일 싫어하는 일들을 시키는
꿈을 꾸실 것입니다."

이튿날, 그 로마의 장교는 랍비를 찾아와
신기한 듯 이렇게 물었다.
"어젯밤에 당신이 말한 꿈을 꾸었습니다.
어떻게 내 꿈을 그렇게
정확하게 맞출 수 있었지요?"
하지만 이것은 그저 암시에 불과했다.
로마의 장교는 랍비의 암시에 걸려든 것이었다.
이 장교는 랍비의 말에 자신의 생각도 꿈도
지배당했다는 사실을 모르고 있었다.
생각은 바로 마음에서 나온다.
그래서 『탈무드』는 말하고 있다.
"사람 몸의 모든 기관은 마음에 좌우되고 있다.
가장 강한 인간이란 자신의
마음을 지배할 수 있는 인간이다."

마음의 법칙이 세상을 움직인다

인생에서 성공하려면 사람들을 끌어 모으고 영향을 끼칠 수 있는 능력이 필요하다. 사람의 마음을 끌어당기는 힘은 바로 생각에서 나온다. 왜냐하면 생각의 파동이 다른 사람을 향해 나갈 때 자석처럼 끌어당기는 힘, 곧 매력magnetism이 나타나기 때문이다.

다른 재능이 있다 하더라도 마음을 끌어당기는 자석 같은 힘(매력)이 부족하면 성공은 먼 나라 이야기일 뿐이다. 그러므로 성공에 다가가려면 생각이라는 미세한 흐름, 곧 파동을 강하게 만들어야 한다.

당신의 주위를 한번 둘러보라. '성공한' 사람들은 모두 사람들을 모으고, 설득하고, 움직일 수 있는 능력이 있다. 물론 사람을 다루는 능력보다는, 철저하고 집중력 있고 끈기 있는 연구와 노력으로 성공하는 부류도 있다. 예술가, 과학자, 발명가, 문학가들의 경우가 그에 해당한다.

그러나 이들도 자기 분야에서 어떤 성취를 이루었다고 해서 항상 부를 얻는 것은 아니다. 이들도 다른 사람을 움직이는 능력이 없다면 그 결실은 대개 처세에 능한 다른 사람의 몫으로 돌아간다. 즉, 사람을 끌어 모으고 영향을 끼치는 능력을 가진 사람들이 자기 분야에서의 성취와 더불어 금전적인 열매도 취한다.

그러므로 다른 사람의 마음을 끌어당기는 매력이 있는 사람만이 금상첨화의 결과를 얻는다고 할 수 있다. 물론 돈은 높은 이상이 아니다. 그저 돈에 불과하다. 하지만 우리 삶을 윤택하게 만드는 수단으로서의 목표임은 부정할 수 없다.

그러므로 결국 쟁취해야 하는 목표는 이 돈이다. 결론적으로, 인생에서의 성공이란 사람들을 끌어들이고 관심을 불러일으켜 영향을 끼치고 제어할 수 있는 능력에 상당 부분 달려 있다고 할 수 있다.

그렇다면, 이 놀랍고 귀중한 힘을 어떻게 얻을 수 있는가? 답은 바로 마음의 법칙, 곧 생각이 가지고 있는 힘을 인식하고 그 활용법을 아는 것이다. 이것이 바로 새로운 자신을 만들어내고, 성공과 행복을 얻는 비밀이다.

누구든 이 마음의 법칙을 마스터하면 자신이 원하는 대로 삶을 바꿀 수 있다. 심지어 끈기가 없어서 그 법칙을 다 숙달하지 못한다 해도, 자신의 삶을 예전보다 훨씬 더 강하고 긍정적으로 바꿀 수 있다.

이제 당신은 "잘 알겠어요. 그럼 생각의 힘을 계발하고 활용하는 방법을 좀 알려주시죠."라고 말하고 싶을 것이다. 이 책에서 소개되는 〈한 스푼 Tip〉과 〈마인드테크닉〉이 바로 그런 목적에서 나온 것이다. 그것들은 당신이 당신의 마음을 온전히 지배하도록 도와줄 것이다.

나는 "이론이란 키만 커버린 어린이, 곧 과학이 가지고 노는 커다란 비눗방울에 불과하다."라는 말을 좋아한다. 즉, 이론이 아니라 실천적으로 검증된 것들을 선호한다는 말이다. 나는 수년간 이 주제를 연구했던 연구자들의 조사와 학생들을 통한 실험으로부터 얻어진 자료들을 기반으로 이 책을 기술하였다. 또한 나의 경험이 들어있다. 그러므로 나를 믿고, 또한 당신 스스로를 믿고 따라온다면 반드시 성과가 있을 것이다.

그러면, 생각의 힘을 사용하여 자기를 변화시키고 성공을 이끌 수 있는 방법들에 어떤 것들이 있는지 알아보도록 하자.

- 생각의 힘으로 사람들에게 직접 영향을 미치기

긍정적인 생각의 힘으로 사람들에게 직접 영향을 미치는 이 방법은 암시의 법칙을 이용하는 것이다. 당신의 계획에 다른 사람들이 관심을 갖도록 만들고, 그들로부터 도움과 격려를 받을 수 있다. 또한 주위 사람들에게 두루두루 영향을 끼칠 수 있다. 이 재능을 타고난 사람들도 있지만, 대개 의지와 끈기만 있다면 누구나 내재된 이 힘을 계발할 수 있다.

• 생각의 파동이 갖는 힘을 사용하기

당신의 마음에서 나오는 생각의 파동에는 힘이 있다. 파동은 곧 힘이다. 상대가 생각의 힘에 대응하는 방법을 모른다면 효과는 말할 수 없이 크다. 이 법칙을 이해하면 다른 사람의 마음에서 나오는 생각의 파동에 적절하게 대처할 수 있다.

• 생각의 끌어당기는 힘을 사용하기

이는 생각은 비슷한 생각을 끌어온다는 '유유상종'의 법칙에 바탕을 둔 것이다. 특정 생각을 마음에 계속 담아 둠으로써, 주위에서 보이지는 않지만 매우 강력한 생각의 덩어리로부터 비슷한 생각이나 힘을 끌어당긴다. 이것은 우주에서 가장 강력한 힘이다. 따라서 잘만 사용하면 기대하지 않았던 매우 큰 도움을 받을 수 있다.

• 생각의 힘으로 성공에 필요한 성격 만들기

성공에 필요한 어떤 자질들이 부족하다면? 그런데도 '천성은 고쳐지지 않아'라는 잘못된 믿음으로 단점도 자신의 일부분으로 생각하진 않았는가? 하지만 이제 마음의 법칙을 배워 당신의 단점들을 극복해 보자. 지금부터는 당신의 동료나 친구들이 좋아할 만한 새로운 성격을 만들 수 있다. 뿐만 아니라 자신의 장점을 더 키울 수 있다.

이렇게 생각은 당신의 성공을 위해 다양하게 사용될 수 있다. 그러므로 이러한 생각의 힘을 정확히 이해하고 활용법을 익히는 것이 필요하다.

당신만이 당신 자신을 변화시킬 수 있다

이제 나는 성공의 길로 당신을 인도하려고 최선을 다할 것이다. 또한 그 길을 구체적으로 보여줄 것이다. 하지만 명심해야 할 것이 있다. 그 길을 걸어가는 이는 바로 자기 자신이고, 자신을 변화시킬 수 있는 것은 역시 자신뿐임을!

원래 붙임성이 별로 없어서 동창모임에 가도 눈인사나 하고 이야기만 듣다가 오곤 했던 친구가 있었다. 뭔가 변화를 줘 보기로 하고 모임에 가기 며칠 전부터 "난 너무 행복해, 얼굴은 잘 생겼지, 돈 많지, 생각대로 모든 일은 술술 풀리지. 세상에 부러울 것 없는 존재야."라는 생각만 했다고 한다. 어떻게 되었을까? 전에는 얼굴만 보고 눈인사만 하던 동창들이 다정하게 이야기를 걸어오더란다. 그렇게 만난 친구들과 이런저런 이야기를 하다 결국은 사업으로까지 이어졌고, 꿈에서만 그리던 부를 성취했다.

  당신이 스스로 귀한 존재라고 생각하면
다른 사람도 그렇게 본다.
그것이 바로 자석 같은 힘, 매력이고 생각의 힘이다.
자신이 세상에 부러울 것 없는 존재임을
스스로 받아들일 때,
이미 완전함을 인정할 때,
당신은 자신을 그렇게 다시 창조한다.

한 스푼 Tip :: 2

당신의 몸은 당신이 생각하는 대로 만들어진다. 그 몸을 새로이 느껴보자. 새로운 우주가 펼쳐질 것이다. 편하게 누워 근육을 완전히 이완시키고 활동하고 있는 자신의 심장에 집중한다. 다른 것은 생각하지 말자. 이 위대한 기관(器官)이 어떻게 피를 몸 구석구석에 보내주는지만 생각하자.

이제 자신의 심장에서 떠난 피가 발끝까지 흘러가는 모습을 그려본다. 또 손가락 끝까지 도달하는 모습도. 이렇게 조금만 연습하면 피가 온몸을 돌아다니는 것을 실제로 느낄 수 있다. 몸의 어느 부위가 허약해졌다고 생각되면 언제라도 그곳으로 피를 더 공급할 수 있다.

예를 들어, 눈이 피곤할 때 심장에서 나온 피가 머리로 올라가 눈으로 흐르는 모습을 그려보자. 눈이 맑아지는 것을 느낄 수 있을 것이다. 이 훈련을 통해 자신의 힘을 놀라울 정도로 증가시킬 수 있다

나의 우주로 날개를 펴라

잠자리에 들기 바로 전이나 아침에 일어나자마자, 자신에게 다음과 같은 말을 해보라. 매우 큰 도움이 될 것이다.

"내 몸의 모든 세포는 생명의 감격을 맛보고 있다. 내 몸은 모두 튼튼하며 건강하다."

많은 사람들이 이런 방법으로 건강을 회복했다. 사람은 자신이 바라는 모습대로 변화되어 간다. 아프다고 생각하면 병이 찾아올 것이다. 반대로 스스로 튼튼하다고 생각하면 그대로 실현되어 건강해질 것이다.
"우리의 몸은 우리의 생각대로 만들어 진다."

어느 날 당신에게 배달된 상자

어떤 사람에게 거장이 만든 보석상자가 전달되었다. 그 상자의 장식은 정말이지 눈부시게 아름다웠다. 모두들 넋을 잃고 상자를 바라보았다. 그때, 어떤 기술자가 보석상자를 보더니 말했다.
"신기한 상자로군요. 자물쇠도 없다니. 내가 전문가이니 한번 열어보도록 하겠습니다." 그는 보석상자를 분석하고, 온갖 연장을 사용하여 열어보려고 했다. 하지만 허사였다. 결국 그 기술자는 보석상자를 여는 법을 알아내지 못하고 포기하고 말았다. 그러나 그 보석상자는 처음부터 잠겨 있지 않았다.

지금 보석상자가 당신에게 배달되었다. 당신은 상자를 그냥 열기만 하면 된다. 비밀스런 보석상자를 열기 위해서 필요한 것은 도구가 아니라 열면 열린다는 믿음이다. '내가 열면 열린다.' 라는 당신의 확신만이 필요하다.

03
마음의 암호코드를 찾아라

당신의 신념을 단호한 의지력으로
뒷받침하여 흔들림이 없게 하라.
그러면 주위를 둘러싸고 있는 환경이나
조건의 주인이 될 것이고 더 나아가
당신 자신과 운명의 주인이 될 것이다.

클라우드 M. 브리스톨

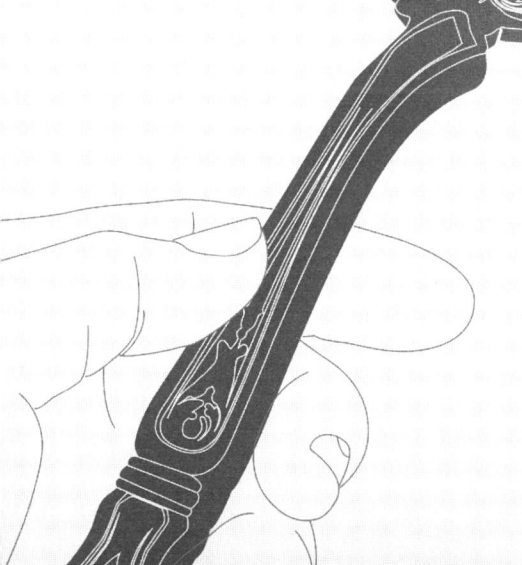

"사막이 아름다운 이유는……."

깊숙한 비밀은 잘 보이지 않는 법이다.

『어린왕자』에 다음과 같은 장면이 나온다.
"사막이 아름다운 것은 어디엔가 샘을
숨기고 있기 때문이야……."
어린왕자가 말했다.
나는 문득 사막에서 그렇게 신비로운 빛을
내는 것이 무엇인가를 깨닫고 깜짝 놀랐다.
어린 시절 나는 무척 오래된 집에서 살았다.
그런데 전해오는 이야기에 의하면
그 집에는 보물이 감춰져 있었다.
물론 그것을 발견한 사람은 아무도 없었고,
그것을 찾으려는 사람도 아마 없었을 것이다.

그런데도 그 보물 때문에 그 집 전체는 매력으로
넘쳐났다. 우리 집은 저 가장 깊숙한 곳에
보물을 감추고 있는 것이었다.
"그래. 집이건 별이건 혹은 사막이건 그들을
아름답게 하는 건 눈에 보이지 않는 법이지!"

사람을 아름답게 하는 것은 마음이다.
기쁨과 성공도 마음에 달려 있다.
그러므로 눈에 보이지 않는 보물,
그 마음을 잘 알아야 한다.
마음속에 성공의 암호가 들어 있기 때문이다.

다른 사람의 마음을 움직이는 테크닉

 당신의 일에 다른 사람들이 많은 관심을 갖게 하는 방법은 무엇일까? 남들이 마치 자기 일처럼 발 벗고 나서서 당신을 도와주게 만들 수 있다면? 뭐 최면술사라도 되라는 말인가. 아니다. 우리 주변을 보면 그 힘을 얻으려고 애쓰지도 않으면서도 그런 신비한 매력을 발산하는 사람들이 있다.

 마주보고 있는 상대의 마음을 움직이게 하는 기술에는 당연히 앞에서 언급했던, '생각의 힘'을 이용하는 여러 방법과 그 특징들이 포함되어 있다. 당신이 만나고 있는 사람에게 영향을 끼칠 수 있는 방법은 다음과 같다.

- 목소리, 몸짓, 표정, 눈으로 직접 암시하기

 이 방법에는 의도적으로 하는 것뿐만 아니라 무의식적인 암시도 포함된다. 마음이 진실한 사람들은 누구나 자기도 모르는 새 이런 무의식적인 암시를 내보낸다.

- 의도적으로 특정한 사람을 향해 생각의 파동 보내기

 한 사람에게 의지를 갖고 동일한 생각의 파동을 지속적으로 반복해서 내보낸다.

- 생각의 특성을 이용하여 같은 것을 끌어당기기

같은 종류의 생각을 가지고 오는, 생각의 특성을 이용한다. 생각을 제어하여 의도적으로 같은 것들을 끌어당기는 방법이다. 생각의 끌어당기는 힘은 매우 경이롭다. 그 힘은 한번 생성되면 없어지지 않는다.

먼저, 암시에 대해서 살펴보자.

암시란 간단히 정의를 내려 보면, '의식적으로든 무의식적으로든 오감을 통해서 받아들이는 어떤 인상'이다. 그 암시에 어느 정도로 감응하느냐에 따라, 사람들은 그것을 받아들이기도 하고 거부하기도 한다.

보다 쉽게 이해할 수 있도록 설명해보겠다. 마음속에는 두 기능, 즉 능동기능Active Function과 수동기능Passive Function이 활동하고 있다. 능동기능은 자발적이며 의지를 가진 생각, 즉 '의지력'을 담당하는데, 활기차고 빈틈없는 사람들이 주로 사용하는 기능이다.

이와 반대로, 수동기능은 본능적으로, 저절로 무의식적으로 이루어지는 것, 말하자면 의지가 개입하지 않는 사고思考

작용을 담당한다. 수동기능은 사람에게 소중한 일꾼이다. 그리고 실제로 인간 정신활동의 대부분을 맡고 있다. 온갖 힘든 일을 다 하면서 칭찬 한 마디 없어도 주어진 일을 묵묵히 완수해 낸다.

마음속 수동기능은 불평 한 마디 없다. 특별히 애쓰지도 않으면서도 일을 해낸다. 그리고 전혀 피곤해하지도 않는다. 반대로 능동기능은 의지가 샘솟을 때에만 일한다. 그러면서도 수동기능보다 훨씬 많은 신경에너지를 소비한다. 아주 정열적으로 활동하고 나면 진이 빠져서 휴식을 달라고 아우성친다. 이런 차이 때문에 능동기능을 사용할 때면 그 움직임을 의식할 수 있으나, 수동기능은 소리 없이 활동하는 까닭에 알아차리기 힘들다.

거의 전적으로 수동기능만을 사용하는 사람들이 있다. 그들은 스스로 생각하는 것을 버거운 일로 여기며, 차라리 다른 사람들의 생각을 더 선호한다. 또한 너무나 쉽게 믿는 경향이 있다. 사실상 인간의 모습을 한 양¥이나 다름없다. 그들에게 진지하고 적극적인 자세로 말한다면, 내용에 상관없이 거의 대부분 받아들일 것이다.

이런 사람들은 아주 쉽게 암시에 걸려든다. 말하자면 적극적인 사람들의 손아귀에 있는 셈이다. 그들은 "아니오"라는 말을 잘하지 못한다. 그리고 웬만하면 "예"라고 대답하는 경향이 있다.

반대로 능동기능 성향이 강한 사람들에게는 암시가 거의 통하지 않는다. 하지만 그 사람들도 마음속의 긴장을 풀고 능동기능이 휴식을 취하면 다른 어느 때보다도 암시에 잘 반응할 수 있다.

마음속 쌍둥이의 비밀코드를 풀어라

마음에서 함께 활동하는 이 두 기능, 즉 수동기능과 능동기능을 비유로 들어 설명하자면, 성격이 판이하게 다른 쌍둥이 형제가 하나의 회사를 함께 운영하는 것과 같다. 말하자면, 수동적인 동생(수동기능)은 물건을 받고, 주문서를 기입하고, 물건을 포장하고 보관하는 일을 한다. 반면, 능동적인 형(능동기능)은 재정과 업무 추진을 담당한다. 모든 사람의 마음속에는 이 쌍둥이 형제가 함께 살고 있는 셈이다.

쌍둥이 중 동생은 마음씨 좋고 태평스런, '순해 빠진' 유형이다. 꾸준히 일하는 스타일이며, 습관적으로 행동하고, 소극적인 사람이다. 완고하다고 보기는 힘들지만, 사고방식은 어느 정도 '고정되어' 있다. 뭐든지 잘 믿는다.

처음 듣는 말이라고 하더라도 기존에 알고 있던 지식과 직접적으로 충돌하지 않는 이상 쉽게 받아들인다. 동생은 옆에 적극적인 성격의 형이 있으면(능동기능이 깨어 있으면) 형의 생각을 따르고(능동기능에 따르고), 형이 없으면 다른 사람의 견해를 따라간다.

따라서 당신이 다른 사람의 마음을 움직이고자 할 때, 상대방 마음속의 이런 동생에게 당신의 새로운 생각을 확고하게 심어주면 된다. 그것도 서서히 점차 그 강도를 높이면서 당신의 생각을 심어주어야 한다.

만약 당신이 확신에 차서 상대방 마음속의 동생에게 뭔가를 요청한다면 그는 무엇이든 최대한 들어주려고 할 것이다. 그는 자기가 거부함으로써 당신이 받게 될 상처를 염려한다. 그래서 당신에게 거부의 뜻을 명확하게 밝히지 않으려고 한다. 비유컨대, 상대방의 마음속에 형이 잠자고 있다면 당신은 무엇이든 팔 수 있다. 그저 자신만만한 표정으로 당연하다는 듯 이야기만 하면 된다.

하지만 상대방 마음속의 형은 성격이 딴판이다. 항상 무엇인가에 혹은 누군가에 '푹 빠져드는' 동생과는 다르다. 형은 의심이 많고 빈틈이 없으며 '냉혹한' 사람이다. 상대방 마음속의 형은 회사가 어려운 상황에 처하게 되는 것을 미연에 방지하려면 동생을 세심하게 관찰할 필요가 있다는 사실도 알고 있다.

따라서 동생에게는 진짜로 보호자가 필요하다. 만약 형이 잠깐 방심하거나 바빠서 눈을 다른 데로 돌리면 반드시 나중에 무슨 일이 생기고야 만다. 그러므로 형은 자신의 동생과 당신이 만나지 못하게 하려고 한다. 그러나 상대방이 당신에 대한 경계심을 푼다면 상황은 달라진다. 당신과의 만남을 허락할 것이다.

상대방 마음속의 형은 당신을 유심히 관찰하고 당신에 대해 조사한다. 그리고 무슨 나쁜 의도가 있는지 찾아내려고 한다. 그리고 나서야 자신의 동생을 만날 수 있게 허용할 것이다. 만약 당신이 그 마음씨 좋은 동생을 이용할 꿍꿍이를 가지고 있다고 판단한다면, 형은 온갖 핑계를 대며 못 만나게 한다.

설사 그가 동생과의 만남을 허용한다고 하더라도 모든 움직임을 관찰하고 오가는 모든 말들을 귀에 담아 둘 것이다. 그리고 당신이 맘씨 좋은 그 동생에게 수작을 부린다고 생각하면 단호하게 그 의도를 무산시킬 것이다.

상대방 마음속의 형은 모든 제안을 고려해보고 합리적일 경우 받아들이고 그렇지 않다면 거절한다. 하지만 당신이라는 존재에 익숙해지면 의심을 조금씩 거두어들일 것이다. 어쩌면 당신을 상당히 신뢰하게 될지도 모른다.

또한 경계가 느슨해지고 의심이 걷히면 당신을 즐겁게 맞이할 수도 있다. 그가 의혹의 눈길을 거둔다면 동생과 이야기할 기회가 생길 수 있다. 그렇게 된다면 커다란 진전을 이룬 것이다. 왜냐하면 당신은 동생과는 이미 아는 사이이므로 어떻게든 다음 만남을 기약하기가 훨씬 수월해질 것이기 때문이다.

이렇듯 상대방을 움직이려면 그 마음속 형의 경계심을 푸는 것이 먼저인데, 그 단계가 가장 힘들다. 하지만 그 이후에는 모든 것이 수월해진다.

모든 사람들의 마음속에 쌍둥이 형제가 살고 있음을 잊지 마라. 그 형제들이 보여주는 모습이 바로 마음이 움직이는 원리이다. 수동적인 동생의 모습은 어딜 가나 거의 똑같다. 표면에 나서지 않는 스타일도 있고 간혹 자기의 뜻을 밝히는 경우도 있지만, 큰 차이를 보이지 않는다. 하지만 적극적인 형은 다르다. 그 스타일이 매우 다양하다.

어떤 사람은 더할 나위 없이 신중하고 빈틈이 없는 반면에, 그 정도가 매우 약한 사람들도 있다. 심지어 그들 중에는 동생만큼이나 '소극적인' 사람들도 있다. 그렇기 때문에 우격다짐으로 일을 하는 사람, 구슬려서 자기의 목적을 달성하는 사람, 듣기 좋은 칭찬을 잘하는 사람, 스스로 기진맥진할 때까지 경계심을 늦추지 않는 사람 등 여러 유형이 존재한다.

또 어떤 이들은 다른 문제에 몰입하느라 상대방이 자신의 마음속 동생과 친해지고 심지어는 그 동생이 상대방의 암시에 걸려든 사실도 모르고 넘어가기도 한다.

이처럼 마음속 형의 스타일은 제각각이다. 그러므로 상대방의 마음속 형의 경계심을 푸는 방법에는 정답이 있을 수 없다. 가장 중요한 점은 형의 약한 부분을 공략하는 것이다. 한 가지를 해보고 안 되면 다른 방법을 시도하라. '열 번 찍어 안 넘어가는 나무는 없다.' 상대방의 마음속 형이 어떤 유형이든, 계속 공략한다면 암시를 효과적으로 전달할 수 있다. 결국 상대방은 당신에게 마음이 끌리게 될 것이다.

암시는 자꾸 할수록 힘이 생긴다

누구라도 어떤 제안을 처음 들었을 때에는 그것을 거부할 수 있지만, 그 내용을 반복해서 자꾸 들으면 달리 생각하게 된다. 놀라지 마라. 당신 자신도 자꾸 같은 생각을 반복하면 믿어지는데, 다른 사람이라고 예외일까? 암시는 처음에는 효과가 없는 것처럼 보일 수 있으나, 마치 옥토에 씨를 뿌리는 것과 마찬가지이다.

당신이 반복할 때마다 그것은 싹을 틔우고 자라날 것이다. 의심 많은 상대방의 마음속 형에게 적당히 이야기를 던짐으로써 호기심을 자극하면, 형은 당신과 자신의 동생 가까이로 다가와 이야기를 엿들을 것이다. 그는 당신이 한 말을 들으며 여러 생각을 하게 될 것이다. 당신이 그렇게 뿌린 씨앗은 싹을 틔우며 자라게 된다. 결국 당신의 이야기가 효과를 발휘하게 되어, 상대방의 마음속 형이 먼저 당신에게 말을 걸어올 것이다.

당신은 이 두 형제가 사람의 마음속에서 작용하는 원리를 반드시 이해해야 한다. 그리하면 당신이 필요로 하는 사람에게 암시를 보낼 수도 있고, 다른 사람들이 보내는 암시로부터 당신 스스로를 보호할 수도 있다.

상대방 마음속 형의 경계심을 없애기 위해 암시의 힘에만 전적으로 매달릴 필요는 없다. 암시의 힘 외에도 강력한 두 동맹군이 있다는 사실을 잊지 마라. 즉, 당신은 마음에서 의식적으로 내보내는 '생각의 파동'과 저절로 비슷한 종류의 것을 끌어당기는 '생각의 힘'을 사용할 수 있다. 나는 이런 능력을 계발할 수 있는 기법들을 당신에게 알려줄 것이다.

잘 듣는 것만으로도 성공할 수 있다

사람의 마음속에 살고 있는 형의 성격은 매우 까다롭다. 그래서 비위를 잘 맞춰야 하고 조심해서 다루어야 한다. 또한 그들과 대화를 나눌 때도 당신의 겉모습, 몸가짐, 목소리, 눈 등도 어느 정도 영향을 줄 수 있다는 것을 알아야 한다.

상대방과 대화를 할 때는, 가능하면 관심사가 무엇인지 확인해야겠지만, 상대방에게 너무 많은 이야기를 하는 실수를 범하지는 말자. 즉, 될 수 있는 대로 당신의 말을 줄이고, 상대방 마음속의 '까다로운 형'에게 기회를 주라는 말이다. 형이 원하는 주제에 대해 말을 시작하면 이후에는 조용히 있길. 즉, 대화할 때 경청하는 법을 터득해야 한다.

이 세상에서 사람들이 가져야 할 가장 귀중한 보물 중 하나가 남의 말을 잘 듣는 습관이다.

한번은 어떤 사람이 영국의 비평가 겸 역사가인 토마스 칼라일Thomas Carlyle을 찾아왔다. 그 방문객은 경청을 잘하는 사람이었다. 또한 인간의 본성에 대해 공부하는 사람이라, 칼라일 자신이 좋아하는 주제에 대해 이야기를 시작할 수 있도록 조용히 있었다. 칼라일은 그 방문객에게 단 한 마디도 끼어들 틈을 주지 않고 3시간이 넘도록 혼자서 이야기를 했다. 드디어 그 방문객이 떠나려고 일어섰을 때, 칼라일은 매우 즐거워하며 문까지 배웅하며 말했다. "다음에 또 오게나, 오늘 대화는 너무나 즐거웠다네."

상대방의 마음속 '까다로운 형'이 하는 말을 오로지 경청하라. 마치 말 한 마디 한 마디가 빛나는 황금인 듯, 상쾌한 박하향인 듯 행동하라. 하지만 노련한 주문呪文에 걸려들지는 마라. 단지 상대방의 말에 진지하게 귀만 기울일 것.

대화의 방법: 분노는 강함이 아니라 약점을 내보이는 것

경청과 더불어 대화를 잘하는 방법을 아는 것도 중요하다. 가장 훌륭한 대화법은 상대가 소리치는 정도만 아니라면, 말하고 있는 상대의 톤에 목소리를 맞추는 것이다. 혹 상대가 흥분해서 심한 말을 하고 있는가? 설사 그렇게 소리를 지르더라도 당신도 상대방처럼 같이 흥분하여 평정을 잃어서 소리를 높여서는 안 된다.

당신이 평정을 유지하면 상대방의 목소리도 곧 낮아질 것이다. 분노는 강함이 아니라 약점을 내보이는 것. 화가 난 사람은 항상 불리한 위치에 있다는 걸 잊지 말길. 이제 상대방의 목소리가 점점 잦아들어 당신 목소리만큼 낮아질 것이다. 그러면서 상대는 기분도 가라앉고 스스로 부끄러움을 느낀다. 이제 승리는 당신의 것!

또한 나긋나긋한 목소리는 상대의 기분을 좋게 한다. 당신의 부드러운 목소리에 표현하고 싶은 감정을 그대로 실어 보내라. 매우 효과적으로 암시를 전달할 수 있다. 대화를 할 때 목소리에 감정을 담아 보내면 당신의 암시가 성공할 확률이 매우 높아진다.

> **한 스푼 Tip :: 3**

이번에 소개할 내용은 물을 사용하여 수면에 집중하는 방법이다. 단순하지만 그 효과는 매우 좋다. 컵에 깨끗한 물을 가득 담아 테이블에 놓는다. 이제 의자에 앉아 그 유리잔을 바라본다. 그리고 유리잔 안이 얼마나 고요한지 생각해 보자.

자, 이제는 자신이 유리잔 속의 물처럼 고요해지는 모습을 상상해 본다. 얼마 안 있어 정신은 평안해지고 잠자리에 들 수 있을 것이다. 때로는 자신이 꾸벅꾸벅 조는 모습을 그려보는 것도 좋다.

달콤한 잠에 빠져라

어떤 이는 자신을 깊고 고요한 숲속에 놓인 오래되고 속이 텅 빈 통나무로 생각함으로써 극심한 불면증을 극복하기도 했다. 특히 불면증에 시달리는 사람들은 이런 수면집중 연습을 통해서 효과적으로 신경을 안정시킬 수 있다. 또한 아무 어려움 없이 숙면을 취할 수 있을 것이다.

마음속 토끼와 거북이

토끼와 거북이의 우화를 잘 알고 있을 것이다. 그런데 당신은 거북이와 토끼의 목표점이 서로 달랐다는 사실을 알고 있는가? 거북이는 산꼭대기가 목표였지만, 토끼는 거북이가 목표였다.

거북이는 목표에서 눈을 떼지 않고 계속하여 달렸지만, 토끼는 원래의 목표를 잃고 거북이만을 바라보았기 때문에 낮잠을 자다가 경주에서 지고 말았다. 토끼가 거북이를 본 것은 우리가 살아가면서 꿈과 목표를 잃어버리고 눈앞의 현실이나 조건, 환경을 따라가는 것과 같다.

"나는 돈이 없어 못해", "나는 능력이 안 돼서 못해", "불가능해", "주변 사람들이 반대해", "날씨가 좋지 않아" 등의 핑계로 원래의 목표를 포기하는 것이 그 예이다. 토끼가 거북이를 바라보고 낮잠을 자는 것과 무엇이 다른가?

당신의 마음속에도 토끼와 거북이가 같이 살고 있다. 토끼가 주인이 되지 않도록 하자. 토끼는 호시탐탐 주인 행세를 하려고 노리고 있다. 거북이를 키워라! 먹이를 듬뿍듬뿍 주어라. 깃발을 멀리, 높은 곳에 세우고 그 목표만을 보고 가자.

04 OPEN THE MIND 1
눈의 문을 열어라

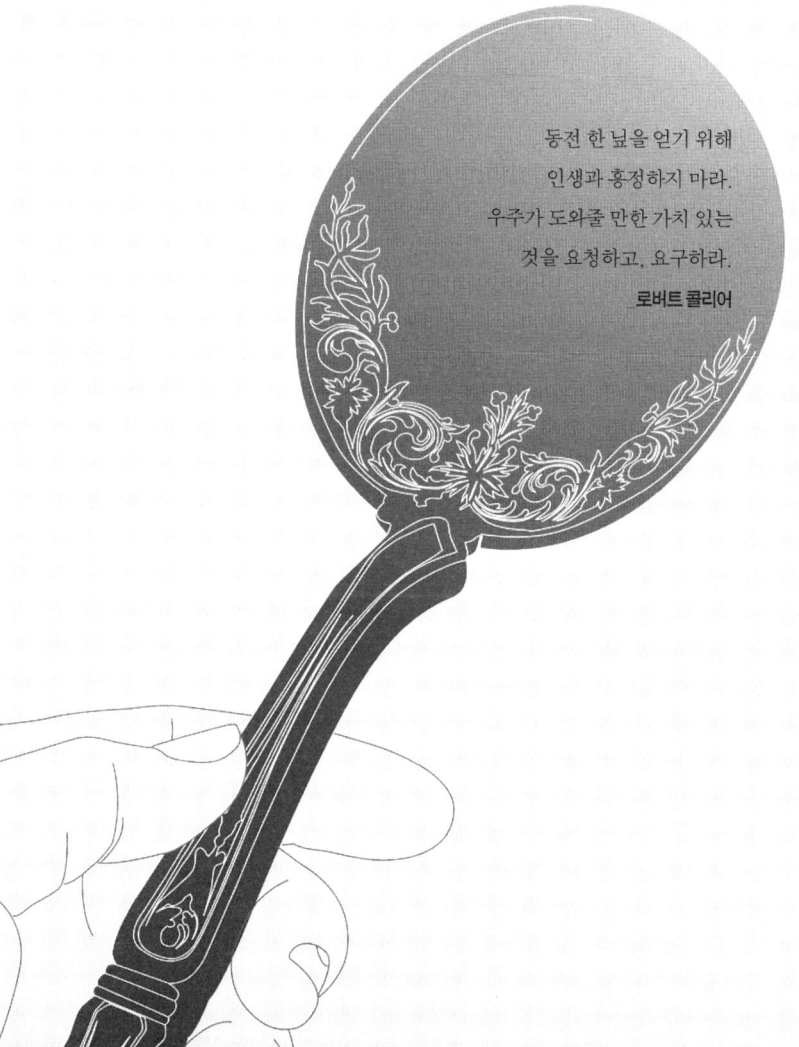

동전 한 닢을 얻기 위해
인생과 흥정하지 마라.
우주가 도와줄 만한 가치 있는
것을 요청하고, 요구하라.

로버트 콜리어

"당신의 마음속 지도는 있는가?"

영화 'Into the wild'의 실제 주인공인
크리스토퍼 맥켄들리스는 유복한 가정에서 태어나
미국의 엘리트 코스를 밟던, 그야말로 장래가
보장된 젊은이였다. 그런데 대학을 졸업하자마자
그는 모든 것을 버리고 알래스카를 향해 떠난다.
이름도 '알렉산더 슈퍼트램프'로 바꾸고 노숙과
밑바닥 노동일을 하며 목적지를 향해간다.
그러다가 길가에 버려진 버스에 정착을 하게 되었다.
그곳에서 사냥과 채집으로 살아가던 그가
이제는 지쳐서 돌아가려고 했을 때,
예기치 않은 일이 벌어졌다. 여름이 되자
산에 있던 얼음이 녹아 강물이 불어난 까닭에
자신이 건너왔던 강을 다시 건널 수 없게 된 것이다.
8월이면 알래스카는 추워지기 시작하기 때문에
그 전에 그곳을 빠져나가야만 했다.

하지만 곧 8월은 다가왔고 추위와 굶주림에 지친
그는 유언을 남기고 세상을 떠났다. 새로운 삶을
경험하기로 결심한 한 젊은이는 이렇게
어이없게 죽고 말았다. 그런데 그가 죽은
그곳에서 불과 500미터 떨어진 곳에는 강을 건너는
도르래가 있었고, 다른 방향으로 조금만 가면
여행자를 위한 산장도 있었다고 한다.
그에게 지도 한 장만 있었어도 새로운 인생이 그를
맞이했을 것이다. (영화는 이 실화를 바탕으로 만들어졌다.)
다행히 당신은 맥켄들리스보다 훨씬 좋은
조건이다. 당신의 지도가 되어 줄 이 책이 있기
때문이다. 이제 강물이 불어난다고 해도
두려워할 필요가 없다. OPEN THE MIND!
마음속 지도가 당신을
새로운 길로 안내해 줄 것이다.

눈빛 리모컨 작동하기

눈은 사람을 움직이는 가장 효과적인 수단이다. 눈만 잘 이용해도 상대의 관심을 붙잡아둬 손쉽게 생각을 전달할 수 있다. 이뿐일까? 눈은 그 자체로도 힘이 있다. 제대로 사용하면 다른 사람을 자유자재로 움직일 수 있다. 눈빛만으로도 상대방의 의심을 떨쳐버리고 마음을 끌어당겨 꼭 붙잡아 둘 수 있다.

마음의 법칙을 숙달한 사람의 눈은 그래서 강력한 무기이다. 가까이에 있는 상대방 마음으로 강력한 기를 내보낼 수도 있으며, 자신의 의지를 상대에게 각인시킬 수도 있다. 눈빛으로 사나운 짐승을 굴복시킨 이야기를 들어본 적이 있는가?

흔한 예로, 이웃집을 방문했을 때 짖고 있던 사나운 개를 강렬한 눈빛으로 제압한 경험을 한번쯤 가져봤을 것이다. 만일 그런 경험이 없다면 오늘 당장이라도 골목을 어슬렁거리는 개나 고양이의 눈을 바라보라. 아무리 기세등등한 사나운 개라도 당신의 눈빛에 눌려 꼬리를 내리고 슬금슬금 뒷걸음치는 짜릿한 경험을 할 수 있을 것이다. 또 당신을 똑바로 뚫어져라 쳐다보는 사람의 시선 때문에 견디기 힘들었던 경험은 없었는가? 또는 마치 최면에 걸린 듯 상대에게 매료됐던 경험은? 이것은 눈에서 강력한 정신적인 전파, 곧 기운이 나오기 때문에 나타나는 현상이다. 이런 시선이 곧 사람의 마음을 끄는 시선이다.

여기서는 '마음을 끄는 시선'을 갖추는 방법을 소개하고자 한다. 부지런히 연습하면 다른 사람과 이야기할 때 마치 최면술사처럼 상대의 마음을 매료시킬 수 있다. 눈 사용법을 훈련하여 내 의지대로 된다면 정신적인 전파를 강하게 보내 상대의 마음을 잡을 수 있다. 마치 텔레비전의 리모컨처럼. 이제 상대방은 당신의 눈빛 리모컨에 반응할 것이다.

상대의 눈빛을 붙잡기

사람과 마주보고 이야기할 때 지켜야 할 아주 중요한 원칙 하나. 바로 상대방을 정면으로, 단호하게 흔들리지 않는 시선으로 바라보아야 한다는 것. 그렇다고 반드시 상대 얼굴을 쳐다볼 필요는 없다. 하지만 시선은 안정되어야 하고 강한 의지와 집중력을 보이는 단호한 눈빛이어야 한다.

대화를 하면서 다른 곳으로 시선을 돌려도 좋다. 하지만 제안이나 요청을 하거나 강한 소망을 불어넣을 때는 반드시 마음을 끌어당기는 강렬한 시선으로 직접 응시하길. 요청할 일이 있을 때에는 진지하면서도 명확하게 표현하라. 또한 상대가 들어줄 것이라고 생각하면서 시선을 고정해야 한다. 단, 이때 주의할 점! 무슨 수를 써서라도 상대의 시선이 당신에게서 떨어지지 않도록 할 것.

상대방의 마음속 의심쟁이 형이 당신을 호의적으로 보기 시작하면 이제 더 이상 까다롭게 굴지 않을 것이다. 그러면 당신에게 좀 더 다가와서 말을 듣는다. 혹 다시 의심이 스멀스멀 기어 나와 상대방이 당신에게서 떨어지려고 하더라도 관심을 다시 붙잡을 수 있는 방법이 있다. 곁눈질로 상대를 관찰하면서 시선은 다른 곳으로 향하게 하자. 당신이 자기가 아닌 다른 곳을 본다는 사실을 눈치 채는 순간, 그는 몰래 당신을 쳐다볼 것이다.

그 순간을 놓치지 말자. 당신을 향하려는 그 순간, 재빠르게 상대를 향해 눈을 돌려라. 아주 날카롭고 단호한 눈빛으로 그를 똑바로 쳐다보면 빙고! 바로 이때가 확실하게 일을 처리할 수 있는 좋은 기회이다. 당신은 상대를 압도했고 암시를 강하게 주입할 수 있는 절호의 기회를 얻은 것이다.

앞서 말한 방법으로 관심을 끄는 데 실패했다면 뭔가를 보여주는 것도 좋은 대안이다. 예컨대 대화와 관련된 샘플, 그림 등을 보여주는 방법이다. 당신이 그것들을 내밀 때, 상대는 당신에게 눈길을 돌릴 것이다. 누구나 예외 없이. 그러므로 당신에게 눈길을 돌리는 그때, 상대의 눈과 마음을 확 휘어잡을 수 있도록 미리 마음의 준비를 하고 있어야 한다. 대화를 하면서 상대방을 정면으로 바라볼 수만 있어도 상대에게 영향을 끼칠 수 있다.

하지만 이런 사실을 아는 사람은 많지 않다. 그래서 만나는 사람들이 이 사실을 알고 있을 거라고 미리 판단할 필요는 없다. 상대에게 뭔가 암시를 주려고 할 때 미리 자기방어 심리가 발동하여 이야기를 중단하려는 사람이 있을 수 있다.

하지만 절대로 거기에 끌려가서는 안 된다. 이미 당신은 상대에게 암시를 강하게 보낼 수 있는 상황이고, 그 여세를 몰아 끝을 보아야 하기 때문이다. 목적을 달성할 때까지 절대로 그를 보내지 말 것! 명심하자.

역으로, 타인이 보내는 암시로부터 벗어나려면? 사실 상대의 시선 때문에 영향을 받더라도 그 사실을 제대로 파악하기란 쉽지 않다. 그런 시선으로부터 자신을 보호하려면 반드시 나는 나 자신의 마음을 지배하고 있다는 긍정적이고 적극적인 마음자세를 유지해야 한다.

동시에 자신은 강하며 벌써 상대의 힘을 압도하고 있다는 생각을 다부지게 해야 한다. 이런 정신자세는 당신의 마음에서 나오는 생각의 파동을 강하게 만들어주고, 당신을 보호하는 파동을 만들어 낼 것이다.

누군가 당신에게 어떤 제안을 하려고 할 때 상대에게 시선을 빼앗기지 말자. 그는 대화를 하면서 당신의 시선을 계속해서 붙잡아두려 할 것이다. 그 의도로부터 벗어날 수 있는 쉬운 방법은? 일정한 간격을 두고 시선을 다른 곳으로 돌리는 것이다. 그러면 약간의 생각할 시간을 벌 수 있다.

또 뭔가 제안을 하려고 하면 모든 말을 심사숙고하는 사람인 양 시선을 다른 곳으로 돌려라. 혹 시선을 잡힌 상태에서 제안이나 암시를 받더라도 일단 그 시선에서 벗어나 마음의 안정을 되찾기 전까지는 답을 하지 말 것.

그런 다음 생각을 해보고, 답이 "아니오"라면 확신에 찬 눈빛으로 정면에서 바라보자. 그리고 신중하고 단호한 모습으로 정중하게 "아니오"라고 대답하라. 애매할 때에도 "아니오"라고 대답할 것. 방심하는 사이, 암시에 걸려들 수도 있으니 경계를 늦추지 말자. 아주 위험한 순간이기 때문이다.

자신감이 마음에서 넘쳐나게 하자. '천상천하 유아독존!' 온 우주가 바로 나, 나는 위대하다. 못난 나, 좌절한 나는 지금부터 없는 것이다. 소극적인 나 자신이 또다시 스멀스멀 기어 나오려고 하면 단호하게 대처해야 한다.

이야기를 하는 사람은 대개 대화에서 항상 적극적이기 마련이다. 반면 듣고 있는 사람은 다소 소극적이다. 듣는 데에 더 골몰할수록 더 소극적이 된다. 소극적인 사람보다 적극적인 사람이 강하다. 따라서 소극적인 상태에 있을 때 적극적인 사람으로부터 영향을 받을 수 있으니 조심해야 한다. 내가 다른 사람의 리모컨에 의해 조정당해서는 안 된다. 마음의 리모컨 쟁탈전, 반드시 승리해야 한다.

마음을 끄는 시선 얻기

지금까지 눈빛의 중요성에 대해 알아보았다. 눈은 마음의 창이라는 말이 있듯이, 당신의 마음을 보여주는 중요한 도구이다. 따라서 눈의 힘을 계발하는 것은 당신 자신을 더욱 크고 강한 존재로 키워가는 것과 같다. 마음을 끄는 시선을 갖추었을 때, 당신은 새로운 자신을 느끼고 보게 될 것이다.

마음을 끄는 시선이란 열망을 밖으로 내보이는 것이다. 열망이 뭐 모양이 있어서 보여줄 수 있는 것도 아닌데 무슨 소리냐고? 그러나 보여줄 수 있다. 눈빛으로 할 수 있다. 훈련을 통해 흔들리지 않는 시선을 만들면 가능해진다. 다음에 나오는 〈마인드 테크닉〉의 '다른 사람의 마음을 끄는 시선 만들기'는 그래서 매우 중요하다.

이 능력을 계발하면 당신의 시선을 견딜 수 있는 사람은 별로 없을 것! 또한 점점 강해지는 눈의 힘을 실감할 것이다. '초능력자도 아니고 정말 가능할까?' 라는 의심은 금물! 믿는 순간 이 능력은 아주 강력해진다.

〈마인드 테크닉〉에서 제시하는 방법을 따라해 보는 것으로 만족하지 말고, 만나는 사람들을 대상으로 직접 실험해 보고 그 결과를 확인해 보자. 이렇게 '살아있는 대상'에 실험을 해 봐야 비로소 눈의 힘에 대해 완벽하게 알 수가 있다.

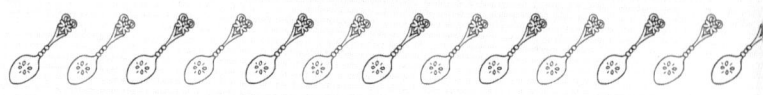

한 스푼 Tip :: 4

사소한 자극에도 불같이 화를 내는 편인가? 그런데도 자신을 그대로 두고 있다면 이번 이야기에 반드시 귀를 기울일 것. 그렇게 화를 내면 서로의 마음에 상처만 줄 뿐, 아무런 유익이 없다. 또한 그런 습관이 계속되면 주변에 알고 지내는 사람들과 멀어지게 될 뿐이다.

누구나 실수를 하기 마련. 상대에게 화를 내는 대신 "다음번엔 좀 더 조심해 주세요."라고 말해 보자. 상대의 실수에 계속해서 불평만 한다면, 실수에 대한 생각이 상대에게 상처로만 남아 각인될 뿐이다. 오히려 그 사람은 앞으로도 계속 실수를 할 가능성이 높아진다. 집중만 할 수 있다면 스스로 통제할 수 있을 것이다.

여러분 중 몇몇은 그런 성격이 왜 내 탓이냐고 반문할지도 모르겠다. 하지만 자신을 찬찬히 돌아보면 자기 잘못임을 발견할 수 있다. 그걸 깨달았다면 다음 문장을 아침마다 자신에게 들려주길 바란다.

"나는 오늘 쓸데없는 행동을 하거나 사소한 문제에 너무 마음 쓰지 않을 것이다. 또 신경질 내거나 화를 내지도 않을 것이다. 마음의 평정을 유지할 것이며, 상황에 좌우되지 않을 것이다. 나는 나를 지배할 것이다. 결단코 이제부터 나는 자제심을 잃지 않을 것이다."

화를 다스리는 법을 배워라

밤이 되면 그날 자신이 한 행동을 뒤돌아보고 목표를 얼마나 의식하고 움직였는지 살펴보자. 물론, 처음부터 완벽하게 지킬 수는 없을 것이다. 하지만 계속 뒤돌아보는 시간을 갖게 되면 결심한 대로 하루하루를 보내는 데 매우 도움이 된다. 그러나 방심하지 말 것. 한동안은 계속해서 아침마다 각오를 다지고, 밤에는 하루의 행동을 뒤돌아봐야 한다. 당신이 일부러 자제심을 잃으려 해도 안 될 정도로 자제력이 완전히 습관화될 때까지. 그러면 당신은 스스로 통제할 수 있고, 화에 지배당하지 않고 화를 다스릴 수 있게 될 것이다.

쥐들의 대화

사자가 자신들을 괴롭히던 고양이를 잡아먹었다는 소식을 들은 쥐가 들뜬 마음에 친구에게 달려가 소식을 전했다.
"친구야, 그 소문 들었니? 고양이가 사자에게 잡혔대. 이제 우리는 자유야!"
그러자 친구 쥐가 말했다.
"친구야, 헛된 기대는 버리는 게 좋아. 고양이가 얼마나 무서운데. 아마 사자가 살아남지 못했을 거야. 이 세상에서 고양이가 제일 무섭고 센 동물이야."

고양이의 눈빛과 그 사나움에 질린 쥐는 고양이의 죽음을 인정할 수 없었다. 그 어떤 존재보다 무섭고 위대해 보였기 때문이었다. 두려움에 찌든 이 쥐는 자신의 경험이라는 좁은 시야를 벗어나지 못했다. 자유가 왔지만 인정할 수 없었다. 때로 우리도 자신의 경험이라는 좁은 시야를 벗어나지 못하는 경우가 있다.

앞으로 소개되는 〈마인드 테크닉〉은 당신 자신을 새로이 바라보는 계기를 만들어 줄 것이다. 앞의 쥐처럼 과거에 갇힌 존재가 되지 말자. 쥐로 살아갈지 말지는 당신의 선택에 달려 있다.

다른 사람의 마음을 끄는 시선 만들기

1

1단계 가로 세로 약 15cm 정도 되는 흰 종이를 준비한다. 그 위에 100원 짜리 동전을 대고 원을 그린 후에, 그곳을 검게 칠한다. 그러면 흰 바탕 때문에 검은 원이 도드라져 보일 것이다. 의자에 앉았을 때의 눈높이에 맞추어 그 종이를 벽에 붙인다. 방 가운데 의자를 놓고 그 종이와 마주보고 앉는다.

이제 그 흑점에 시선을 고정시키고 뚫어져라 바라본다. 눈을 깜박거리지 말고 1분간 응시해 보자. 휴식을 취한 후 다시 바라본다. 이렇게 3번 반복하라. 이제 다음 단계로 간다.

2단계 의자는 원래 그 자리에 두고 종이만 오른 쪽으로 약 90cm 정도 옮긴다. 이제 의자에 앉는다. 눈동자은 바로 앞 벽면을 향하게 한다. 그런 다음, 머리는 움직이지 말고 눈동자만 오른쪽으로 이동한다. 눈을 깜박이지 말고 1분간 그 흑점을 쳐다보라. 이렇게 3번 반복한다.

3단계 다음으로, 종이를 원래 자리에서 왼쪽으로 약 90cm 정도 옮겨놓고 눈을 깜박이지 말고 흑점을 1분간 응시하자(눈동자만 왼쪽으로 이동). 이렇게 3번 반복한다.

이런 연습을 3일 동안 지속해 보자. 그런 후에 시간을 1분에서 2분으로 늘린다. 2분간 응시하기를 3일 동안 한 다음, 3분으로 늘려간다. 이런 식으로 정면과 좌우 바라보기를 3일간 지속한 후 그 응시 시간을 1분씩 계속 늘려간다. 15분까지 늘리면 눈의 힘을 최대로 키울 수 있다.

꾸준히 연습한다면 한결같은 시선을 만들 수 있다. 이제 당신은 대화하는 상대가 그 누구이든 상관없이, 흔들림 없는 시선으로 상대를 바라볼 수 있게 될 것이다.

2

이번에는 약간 변화를 준 것. 당황하지 않고 다른 사람의 눈을 쳐다볼 수 있도록 하는 훈련이다. 거울에 비친 당신의 눈을 바라보되, 앞서 연습을 할 때처럼 바라보는 시간을 늘려간다.

이 훈련을 하면 사람들의 눈을 바라보는 것과 눈으로 표현하는 법을 익힐 수 있다. 그 외에도 여러모로 유용하다. 눈으로 표현할 수 있는 능력이 계발되면서 다른 사람의 마음을 끌어당기는 시선을 만들 수 있다.

3

90cm 정도 간격을 두고 벽을 마주본다. 훈련용 종이를 눈높이에 맞추어 벽에 붙인다. 이제 흑점에 시선을 고정시킨 다음 원을 그리며 머리를 돌린다. 이때 시선은 그 흑점에 계속 고정시켜야 한다. 이 연습을 하면 눈동자는 굴러가지만 시선은 한곳에 고정시킬 수 있다. 많은 연습이 필요하다. 머리를 돌리는 방향을 바꾸어서도 해본다. 처음부터 무리하지는 말고 점차 강도를 늘려가도록 한다.

4

벽을 등지고 서서 맞은편 벽을 바라본다. 그리고 시선을 한 지점에서 다른 지점으로 재빠르게 바꾸어 본다. 오른쪽 · 왼쪽으로, 위 · 아래로, 지그재그로, 원으로 등등. 눈이 피로해지거든 눈을 움직이지 말고 어느 한 지점에 시선을 고정시켜라. 이전의 움직임 때문에 쌓인 눈의 피로를 푸는 데 도움이 될 것이다.

5

한결같은 시선을 얻은 후에는 친구와 함께 연습해 보자. 서로 마주 앉은 후에 친구의 눈을 바라본다. 침착하고 흔들림 없는 눈빛으로 바라보면서 동시에 친구에게 당신을 바라보게 하라. 가능한 한 오랫동안 당신을 보게 한다. 친구는 금방 나가떨어질 것이다. "이제 됐어"라고 소리치는 순간, 친구는 거의 최면상태에 들어가 있는 것이나 다름없다고 봐야 한다.

개나 고양이 같은 동물들을 대상으로 눈의 힘을 시험해 볼 수도 있다. 아마 대부분의 동물들은 시선을 피하려고 도망가거나 머리를 돌릴 것이다.

물론 당신이 침착하고 흔들리지 않는 시선과 무례한 눈빛의 차이를 구별할 수 있을 것으로 믿는다. 전자는 마음이 강한 사람임을 보여주지만, 후자는 버릇없는 놈이라는 소리를 듣는다. 처음에는 당신의 강한 눈빛 때문에 만나는 사람들이 다소간 당황해할 수도 있다.

어쩌면 그 시선 때문에 쩔쩔맬지도 모른다. 뭔가 불편하고 혼란스러움을 줄 수 있기 때문이다. 하지만 조만간 당신은 새로이 얻은 힘에 적응해서 그 힘을 신중하게 사용하는 법도 익히게 되고, 따라서 다른 사람을 불편하게 만드는 일은 없을 것이다.

단, 이 눈 훈련에 대하여 다른 사람들과 이러쿵저러쿵 이야기를 하지 말 것. 꼭 기억하자! 사람들로부터 신용만 잃게 될지도 모를 일이다. 그렇게 되면 그 힘을 제대로 사용할 수 없게 된다. 힘을 사용하되, 자랑하지는 말길.

이 충고를 가볍게 여기지 말고, 충분한 시간을 두고 앞에서 제시한 방법에 따라 연습해 나가라. 결코 서둘지 말길. 천천히 자연스럽게, 그러나 확실하게 힘을 계발해 갈 것.

05 OPEN THE MIND 2
의지의 문을 열어라

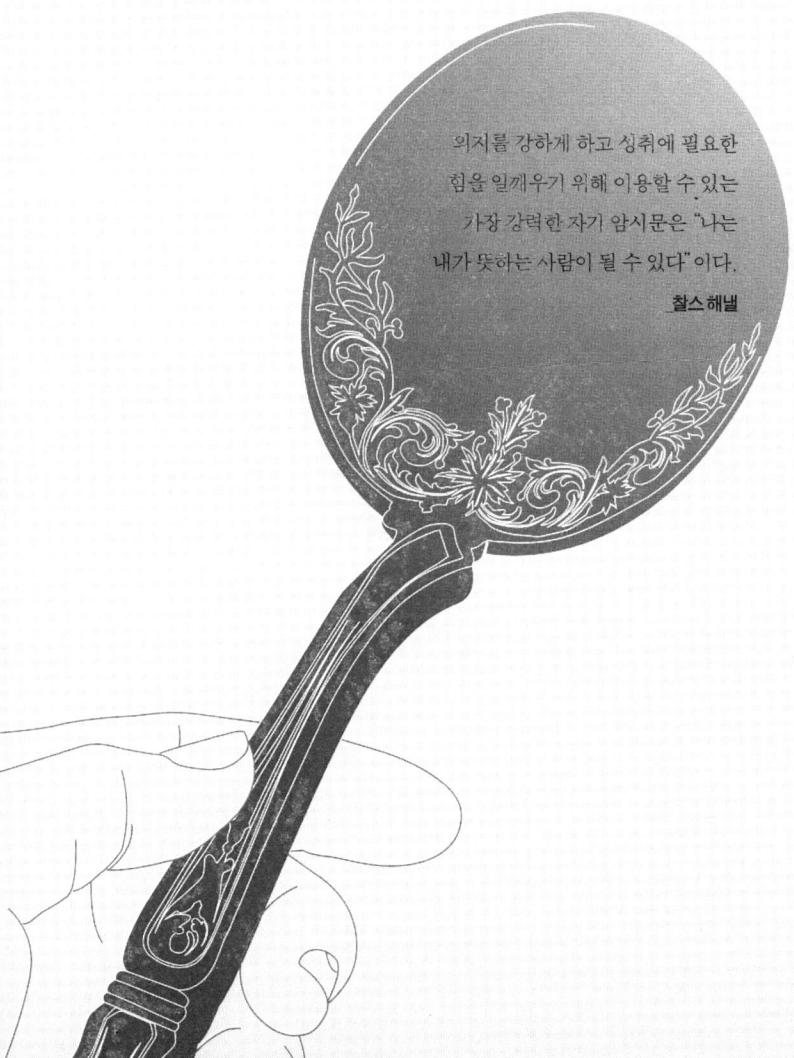

의지를 강하게 하고 성취에 필요한
힘을 일깨우기 위해 이용할 수 있는
가장 강력한 자기 암시문은 "나는
내가 뜻하는 사람이 될 수 있다"이다.

_찰스 해낼

"당신 안에 살고 있는
조나단을 날게 하라!"

『갈매기의 꿈』에 나오는 주인공 조나단 시걸은
하늘이 궁금했던 갈매기였다. 다른 갈매기들은
먹는 것이 문제였지, 나는 것은 주요 관심사가
아니었다. 하지만 조나단은 달랐다.
먹는 게 문제가 아니라
더 빨리, 더 멀리, 더 높이 나는 게 최대 관심사였다.
그래서 비행능력을 향상시키기 위해
비행기술을 익히는 게 삶의 유일한 기쁨이었다.
그러나 물고기 대가리에서 삶의 의미를
찾고 있었던 대다수 갈매기들은 조나단을
용납할 수 없었다. 그는 추방당했다.
그는 자기와 같은 생각을 가진 갈매기 무리들을
만났다. 육체의 한계를 넘어 진정한 본성을
알고자 하는 동료들이었다.

그들은 어딘가에 도달하는 것, 뭔가를 이루는
것이 중요했다. 조나단은 그곳에서 만난 스승
'치앙'을 통해 새롭게 나는 것을 배우게 된다.
치앙이 말한다.
"생각처럼 빨리 나는 것,
거기가 어디든지 간에 말이야."
"너는 이미 도착했음을 앎으로써
시작하지 않으면 안 돼……."
어느 날, 조나단은 해변에서 눈을 감고 정신을
집중하고 있다가 스스로 완전하고 무한한
갈매기임을 깨닫는다. 그리고 하늘을 품었다.
그가 기뻐서 "된다!" 라고 외치자 치앙이 말했다.

"네가 무엇을 하고 있는지
네가 알 때, 그건 언제나 되는 거야"

의지력이란?

앞에서 말한 것처럼 다른 사람의 마음을 움직이게 하는 테크닉에는 목소리, 몸짓, 표정, 눈 등으로 직접 암시하는 것이 있다. 이외에도, 다른 사람의 마음을 움직이게 하고 특별한 인상을 심어주려고 할 때, 두 가지 힘이 도움이 된다.

그 첫 번째는 생각이 가지는 특성, 곧 비슷한 종류의 것들을 끌어당기는 힘이다. 그 두 번째는 다른 사람의 마음에 영향을 미치려는 의지력으로 생각의 파동을 보내는 것이다. 이 둘은 마음의 힘을 보여주지만 그 성질에 있어서는 현저하게 다르다.

예를 들어, 생각의 끌어당기는 힘은 한번 작동되면 의식하지 않아도 그 대상에게 영향을 미친다. 당신은 그저 특정 대상에 대해 생각을 집중하여 그 강력한 힘이 작동되게끔 하면 된다.

의지력의 경우 그 정신적인 파동은 그것을 보내는 사람이 의지를 가지고 의식적으로, 특정 대상을 향하여 보내야 한다. 그렇게 추진하는 힘이 사라지면 나가던 기운도 멈춘다. 여기서 말하는 의지력이란 '생각의 파동을 특정 대상으로 향하게 만드는, 의지의 의식적인 노력'을 뜻하는 말이다.

우리는 본래 매우 강한 의지력을 가지고 태어났다. 때문에 부지불식간에 그 힘을 사용하기도 한다. 그러나 대개 그 힘에 대해서는 잘 알지 못한다. 어떻게 그 힘을 계발할 수 있는지, 그 효과는 어떤 것인지에 대한 지식이 없는 것이다. 그러다보니 그 힘을 제대로 사용하고 있지 못하고 있다.

그러나 누구든 필요한 시간과 노력을 들인다면, 체계적인 연습을 통하여 그 힘을 크게 키울 수 있다. 그러면 생각의 파동도 그만큼 강해진다. (뒤에 나오는 집중력 연습이 많은 도움을 줄 것이다.)

의지의 힘을 제대로 이해하고 사용하려면 먼저 의지의 본성에 대한 이해가 필요하다. 즉, '인간이란 무엇인가?'에 대한 이해가 반드시 있어야 한다.

인생의 비밀을 풀다

대부분의 사람들은 '나'를 자신의 육체와 동일시하여 생각하는 경향이 있다. 반면 어떤 이들은 '나'를 우리의 두뇌에 살고 있으면서 육체를 통제하고 있는 정신적인 존재로 여기고 있다. 이는 부분적으로는 옳다. 하지만 절반만이 진실이다.

또 어떤 사람들은 '더 높은 자아'가 있음을 깨닫고 있다.

몇몇 사람들은 '더 높은 자아'가 그 말대로 더 높은 곳에 존재하고 있음을 안다. 육체보다는 마음이, 마음보다는 '나'가 더 높은 존재이다. 말하자면, 육체나 마음은 모두 '나'에 종속된다. '나'는 필요에 따라 육체나 마음을 도구처럼 사용한다.

우리가 상념에 잠기고 자기반성을 할 때 느끼는 것이 바로 '진짜 나(I AM)'이다. 우리들은 모두 이런 실제 자아의 의식을 느끼곤 하지만, 그 중요성에 대해서는 알지 못하고 있다.

이 책을 잠시 덮어두고 고요한 가운데 몸과 마음의 긴장을 풀어보자. 그리고 '나'에 대해서 생각하며 몸과 마음을 지배하는 진짜 자아의 모습을 떠올리려고 노력해보자. 몸과 마음이 안정되면 자신 안에 진짜 '나'가 있음을 어렴풋이나마 알게 될 것이다. 계속 노력하면 느낄 수 있다.

그 어떤 것도 진짜 자아를 파괴하거나 해할 수 없다. 몸과 마음은 사라질 수 있으나 진짜 나, 곧 '본래의 나'는 영원하며 결코 손상되는 법이 없다. 그것은 강력하며, 모든 것의 원천이다. 마음이 그것의 힘에 적응하는 법을 배우게 되면, 즉 진정한 자아가 깨어나면 당신은 완전히 다른 새로운 사람이 된다. 인생의 비밀은 바로 '본래의 나'에 있다. 마음을 지배하는 실체를 알면 인생의 비밀은 간단하다.

의지는 '본래의 나'로부터 나온다. 마음에서 생각이 나오는 이치와 매우 비슷하다. 우리가 '의지를 키운다.'라고 할 때, 사실상 의지를 인식하고 그 의지에 의해 지배받고 있는 마음을 키운다는 뜻이다. 모든 것의 원천인 '본래의 나'로부터 나오는 의지는 이미 충분히 강하다. 따라서 '키울' 필요는 없는 것이다.

사람들은 두 가지 서로 다른 길을 따라 생각을 한다. 한쪽은 우리가 수동적인 정신작용으로 부르는 것으로서, 의식적으로 힘을 들이지 않아도 되는 길이다. 따라서 의지력이 거의 필요 없다. 또 다른 길은 우리가 능동적인 정신작용이라고 부르는 것으로서, 어느 정도는 의지의 작용이 필요하다.

그저 이 사실에만 집중하기 바란다. 능동적인 정신기능을 사용하여 생각할수록 생각은 더 강해지고 힘이 있다. 물론 그 반대도 사실이다. 따라서 마음의 법칙을 이해하는 사람은 그렇지 않은 이들에 비해 매우 유리한 입장에 서게 된다.

모든 생각은 마음에서 나온다. 그리고 흘러나오는 생각의 파동은 그것을 내보내는 힘의 크기에 따라, 크든 작든 그 대상들에게 영향을 미친다. 물론 수동적인 생각은 능동적인 생각에 비해 그 파동의 힘이 약하다. 하지만 수동적인 생각의 파동도 지속적으로 반복되면 효과를 볼 수 있다. 그러므로 생각의 기운으로 다른 사람들의 마음에 영향을 주려면 의지력이 필요하다는 데에 누구나 동의할 것이다. 그 의지력이 강하면 강할수록 효과도 그만큼 커진다!

나에게도 '운명의 별'은 있다

사람들은 대체로 자신이 가진 의지력의 크기만큼 다른 사람에게 영향을 미친다. 물론 저마다 의지력을 다르게 사용하고 있으며, 그 차이는 매우 크다고 할 수 있다. 간혹 의지력이 작동하는 원리를 전혀 모르는 상태에서도 이 힘을 크게 계발한 사람들이 있다. 이들 대부분은 다른 사람들을 움직이는 힘에 대하여 제대로 설명을 하지 못한다.

말하자면, 그들은 자신들이 어떤 종류의 힘을 가지고 있다는 점은 알지만, 본질에 대해서는 모르고 있는 것이다. 하지만 당신은 이제 이 힘의 원리를 알면서 그것을 키워갈 수 있다.

의지력이 매우 강한 사람의 예를 보자면, 나폴레옹이 그 전형이다. 프랑스 식민지인 코르시카 섬에서 태어나 황제의 자리에까지 오른 그의 의지는 수백만의 사람들을 휘하에 두었고 거의 기적이나 다름없는 결과를 만들어 냈다.

그가 남긴 말들을 보자. "의지할 만한 것은 남이 아니라 자신의 힘이다." "성격의 씨앗을 뿌리면, 운명의 열매가 열린다." "내 사전에 불가능이란 없다." "역사를 지배한 것은 항상 승리의 법칙이었다." 등등. 나폴레옹은 자신이 사용하는 그 힘의 본질에 대하여 알고 있었던 것이다.

나폴레옹처럼 성공한 사람들은 모두 본능적으로 '본래의 나'를 강하게 느끼고 있다. 그들은 스스로를 믿으며, 종종 자신들을 보살피는 특별한 존재를 느끼곤 한다. 그들은 마치 나폴레옹처럼 자신들에게도 '운명의 별'이 있다고 생각한다.

성공한 사람들은 최대한 그 힘을 이용한다. 권력, 명예, 부를 향한 강한 열망이 스스로는 의식하지 못했지만 강력한 '본래의 나'의 도움을 이끌어낸 것이다. 하지만 소수만이 그 원리를 이해하고 있다. 이제 당신도 당신을 보살펴주는 특별한 존재인 '운명의 별'을 불러낼 수 있다.

남아프리카 공화국의 킴벌리라는 곳에 사는 가난한 농부가 돌투성이 땅을 경작해보려고 했다. 그의 아이들은 더러운 돌 조각들을 자주 보았는데, 그저 지나가는 양떼들을 향해 던지는 데 사용했을 뿐이었다. 수년간의 노력에도 성과가 없자, 농부는 그 땅을 버리고 다른 곳으로 가버렸다.

오늘날 그곳은 다이아몬드 광산으로 개발되었다. 농부가 개간하려고 애썼던 그 지점에는 다이아몬드가 풍부하게 매장되어 있었다. 아이들이 양을 향해 던졌던 그 돌 조각은 바로 다이아몬드 원석이었던 것이다!

때로 우리는 손에 쥐고도 그것이 다이아몬드임을 알지 못한다. 진짜 당신이 바로 그와 같다. 당신은 인간의 모습을 한 위대한 존재이다. 당신이 바로 다이아몬드다. 진정한 자아를 인식하면 위대한 '운명의 별'이 비로소 그 빛을 발할 것이다.

뿌려진 씨는 때가 되면 자란다

진정한 자아의 힘을 인지하는 것이야말로 의지력을 습득하는 데에 꼭 필요한 일. 보다 완벽하게 알아볼수록 그 힘은 더 커진다. 어떻게 하면 알 수 있을까? 구체적으로 설명하기는 불가능하다. 진짜 자아를 이론적으로 생각하기보다는 그것을 느껴야만 한다. 느껴라! 그리고 당신의 생각이 올바른지에 대해서 의심하지 말 것. 진정한 자아를 느끼고 있다면 그 사실을 단번에 알아차릴 수 있으니까.

당신은 자신의 몸이 마치 옷과 같다는 느낌을 받은 적이 있는지? 당신을 잠시 둘러싸고 있지만 자신은 아니라는 느낌. 비록 잠시 동안 육체와 연결되어 있을지라도 당신은 스스로의 몸과 분리되어 있고 나아가 마음도 당신이 아니며, 스스로를 드러내는 도구에 불과하다는 느낌을. 이제 당신은 마음도 때로 불완전하여 진정한 자아가 완전하게 발현되는 것을 방해하고 있다는 사실도 깨달을 것이다.

단지 그렇게 하겠다는 의지만으로도 어느 정도 인식할 수 있는 사람이 있는 반면, 진실을 알아가는 데에 좀 더 많은 시간을 필요로 하는 사람들도 있다. 또 어떤 사람들은 그 실체를 느끼려 하지 않는다. 그런 사람들은 위대한 진실을 알기에는 아직 때가 이르지 않은 경우이다. 그러나 뿌려진 씨는 때가 되면 자라날 것이다.

지금까지 내가 한 이야기가 너무나 터무니없다고 여기는 사람들이 있을지도 모르겠다. 하지만 그 모든 것이 진실임을 인정할 때가 온다. 진정한 자아가 깨어나고 있다는 징조가 처음으로 느껴졌을 때에, 그 생각을 놓치지 말고 간직하길. 그러면 마치 연꽃이 피어나듯, 진정한 당신의 자아는 차근차근 자연스럽게 깨어날 것이다.

그리고 그 진실은 한번이라도 인식되면 결코 없어질 수가 없다. 진정한 자기 자신에게 도달하는 것, 그것이 당신이 반드시 최우선적으로 해야 할 일이다. 성공의 지름길은 자기 자신의 모습을 찾는 것이다. 이 사실을 언제나 잊지 말길.

바로 '그 사람'을 향해 쏴라

대화하는 상대에게 영향을 미치려면 집중해서 생각해야 한다. 동시에, 당신에게는 그렇게 할 권리가 있고 그 소망이 이루어질 것이라고 생각하길. 성취에 대한 열의는 효과를 불러일으키는 데 없어서는 안 될 가장 중요한 요소이다. 확신을 못하고 긴가민가하면 어정쩡한 결과만 얻을 뿐이다.

당신이 만나는 사람들을 대상으로 자신의 의지를 관철시키고 싶은가? 때론 별 힘을 들이지 않더라도 간혹 그렇게 되는 경우도 있을 것이다. 하지만 당신의 의지력은 상대를 능가하는 힘을 가지고 있어야 한다.

그러므로 이러한 정신의 힘을 계발하는 데에 한 치도 망설여선 안 된다. 반복을 통해 그 힘을 기를 수 있다. 그리고 실제로 해보면 더 수월하게 원리를 파악할 수 있다. 어린아이가 쉽사리 수영을 배우는 것처럼, 할 수 있다고 믿고 또 그렇게 시도하라. 성취는 당신 손 안에 있다.

의지력을 계발하는 데 가장 도움이 되는 것이 바로 집중력을 키우는 것이다. 스스로의 확신을 위해 '마음의 테크닉'에 나오는 간단한 테스트를 직접 '해보는 것'이 좋을 것이다. 처음에는 쉬운 것부터 시작하고 난이도를 점점 높여라. 꾸준하게 하면 다 이루어진다.

당신이 뭔가 의지를 발동한다고 할 때, 눈살을 찌푸리거나 두 주먹을 불끈 쥐거나 하는 그런 모습을 떠올리지 말 것. 그 힘은 고요하고 평온한 상태에 있을 때 얻어지는 것. 조용한 가운데 진지하게 생각의 파동을 내보내라. 그러면 실현될 것이다. 당신이 진정으로 알아야할 비밀이 바로 그것이다. 당신은 생각의 파동을 효과적으로 보내는 방법을 터득하게 될 것이다. 그 방법을 터득하게 될 때까지 포기하지 말고 도전하라.

심령에 대한 연구가 진행되면서 텔레파시의 실체가 밝혀졌다. 물론 그 이전부터 사람들은 생각이 전달된다고 믿고 있었다. 과학이 사람들의 믿음을 확증했을 뿐이다. 따라서 여기서는 텔레파시라든가 이심전심 현상을 증명하기보다는 어떻게 잘 사용할 수 있는지 말하련다.

모든 생각은 파동을 내보낸다. 생각은 하나의 흐름, 곧 파동이다. 그 흐름은 정도의 차이는 있을지 몰라도 다른 이들의 마음에 영향을 미친다. 그래서 다른 사람에게 생각의 파동을 직접적으로 내보내면 그 사람은 당신을 주목한다. 보통 방향을 정하지 않고 생각하는 것은 겨자씨 한 움큼을 허공에 내던지는 것에 비유할 수 있다. 이에 비하면 대상을 특정하는 것은 과녁을 향해 총을 쏘는 것과 같다. 목표를 조준할 수 있다면 겨자씨보다는 총알이 훨씬 효과적이다.

어떤 사람들은 자신의 의지력을 멀리 보내는 데에 탁월한 솜씨를 발휘한다. 그들이 보여준 성과물들 중에는 생각의 능력을 잘 모르는 사람들이 보면 믿지 못할 일들도 있다. 그런 능력은 그들이 보통 사람들과는 상당히 다른 삶을 살아왔기에 가능했다. 물론 이 힘을 얻기는 수월하지 않다.

그랬다면 많은 사람들이 그 힘을 연마하고 또한 남용하는 사례도 많았을 것이다. 나는 이 놀라운 힘을 보유한 몇몇 사람들을 알고 있으며, 그들이 보여주는 능력을 직접 눈으로 보기도 하였다. 주변을 한번 유심하게 살펴보자. 어쩌면 당신 곁에도 그런 사람들이 있을지 모른다. 단지, 당신만 모르고 있을 뿐!

앞서 말했듯이, 모든 생각은 파동을 내보낸다. 마치 연못에 던진 조약돌이 만들어내는 잔물결처럼 그렇게 퍼져나간다. 그리고 결국 모든 사람들에게 영향을 미친다. 당신이 연못에 조약돌을 던질 때, 돌이 가는 방향으로 그 물결이 일어나듯이 텔레파시도 마찬가지다.

어렵게 생각할 것 없다. 텔레파시에 의한 생각의 파동도 연못의 잔물결처럼 퍼져 나간다. 예를 들어 정말 마음에 드는 사람이 있다고 치자. 당신은 이제 온통 그 사람의 관심을 받으려는 생각에 푹 빠져 있다. '좋아하는 사람의 마음을 훔치는 방법' 같은 책을 기웃거릴지도 모른다. 당신은 온종일 그 사람의 모습을 그리면서 시간을 보낼지도 모를 일.

빙고! 바로 그렇게 당신은 분명 강한 생각의 기운을 사방으로 내보낸다. 따라서 그중 일부는 그 사람에게 도착할 것이다. 그리고 당신이 보내는 파동의 강도에 따라 차이는 있겠지만, 어느 정도는 영향을 줄 수도 있다. 그렇다고, 그 사람이 특별하게 강한 자극을 받았다고 보기는 힘들다.

하지만 반대로, 당신이 생각을 원거리로 전송하는 방법을 터득했다면 어떨까? 그 강한 생각의 기운은 그 사람에게 직접 전해지며, 파동의 강도도 훨씬 강할 테니 당신의 뜻은 매우 명확하게 전달될 것이다. 내일 그가 당신에게 의미 있는 미소를 던질지도 모른다.

최상의 결과를 얻기 위해서는 이 책에 나오는 집중력 향상 연습을 반드시 해볼 필요가 있다. 물론 집중력이 약해도 어느 정도 효과를 볼 수도 있다. 그러나 집중을 잘할 수 있다면 그 10배의 효과를 볼 수 있다. 다음은 그 과정을 예를 들어 설명한 것이다.

긴 관을 통해 상대를 바라보기

며칠 후 어떤 사람과 만남이 예정되어 있다고 해보자. 그리고 당신은 당신이 하고자 하는 일에 그를 끌어들이고 싶어 한다. 어쩌면 전에 만나본 적도 없는 생소한 사람일 수도 있으며, 안다 하더라도 당신에게 무관심한 사람일 수도 있다. 또 그 사람 입장에서 볼 때 당신은 그다지 매력적이지도 못한 상대다.

자, 이젠 어떻게 할까? 앞에서 배운 대로 생각의 파동을 그를 향해 내보내 볼까? 하지만 만나기 전에 서로 정신적 교감을 나눌 수 있다면, 직접 만났을 때 당신이 원하는 대로 될 가능성이 커지지 않을까? 혹 당신이 이런 생각을 했다면 핵심을 제대로 짚은 것이다. 왜냐하면 서로 정신적 유대감을 느낀 후에 만나면 관심을 안 가질 수 없기 때문이다. 어쩌면 매우 큰 호감을 보일지도 모른다.

위와 같은 상황에서 당신이 할 수 있는 최선의 방책은 뭘까. 바로 의지력을 발동하여 그 사람과의 정신적인 유대감을 형성하는 것이다. 그렇게 하려면, 먼저 방해받지 않는 조용한 장소를 찾아야 한다. 그런 다음 편한 의자에 앉거나 눕는다. 그리고 모든 근육의 긴장을 풀어 준다. 물에 젖은 옷처럼 몸이 축 늘어질 때까지, 그리고 몸이 거의 느껴지지 않을 때까지 계속해 보자.

이때 주의할 점. 고요한 가운데에서 마음을 평안하게 하고 저항하지 마라. 또 당신 자신 이외에는 아무것도 존재하지 않는다고 생각하길. 오로지 집중을 해서 당신을 불안하게 하는 온갖 두려운 생각들을 쫓아내는 데 전념하길 바란다.

몸과 마음이 평안해지면, 오로지 그 상대만을 생각하라. 눈살을 찌푸리거나 주먹을 불끈 쥐며 애쓸 필요 없다. 그저 평온한 상태에서 마음을 집중하라. 눈을 감고 그 사람과 유대감이 형성된 모습을 마음에 그려보면 도움이 된다. 혹 얼굴을 모른다면 구체적인 생김새까지 그릴 필요는 없다. 이런 시도를 몇 번 해보면 보다 실감이 날 것이다. 그리고 당신은 이런 식으로 그 사람과 정신적인 접촉을 한다는 사실을 깨닫는다.

이 단계에 들어서면, 당신이 원하는 것을 생각하면서 그 사람이 당신의 소원을 들어주는 모습을 마음에 그려보라. 당신의 마음속 그림의 주인공은 반드시 꼭 그 사람이어야 한다. 그래야 당신과 그 사람 사이가 마음으로 연결된다.

그러면 상대가 소원을 들어주는 '공상'을 하는 것만으로도 작은 생각의 파동이 생겨난다. 물론, 이 파동은 모든 방향으로 퍼져나간다. 하지만 직접 맞대고 이야기할 때보다 훨씬 강한 기운으로 그 사람에게 간다. 연습을 많이 하면 훨씬 강한 파동을 보낼 수 있다.

효과가 매우 좋은 방법을 소개하겠다. 대략 지름이 30cm 정도 되는 긴 관을 통해 상대를 바라보는 연상 방법이다. 그 관의 한 쪽 끝에는 당신이, 다른 쪽 끝에는 그 사람이 있다. 그 관을 통해 상대를 본다고 생각해보라. 될 때까지 집중하고 또 집중하길.

그 모습이 떠올랐다면, 상대방과의 정신적인 유대감이 효과적으로 형성되었다는 표시이다. 당신이 외부의 모든 느낌을 제거하는 데 성공하고 그 사람과 마음의 전화선을 개통했다는 징표이다.

이 단계에 이르렀다면, 마음에 이미지를 그리고 생각을 집중하는 능력이 매우 향상되었다고 확신해도 좋다. 당신이 생각을 집중하고 있을 그때, 상대의 마음 상태가 수동적일수록 그 결과는 더 좋다. 왜냐하면 상대가 소극적이고 수동적일수록 당신이 보내는 파동이 보다 효과적으로 전해질 것이기 때문이다.

조금만 연습을 해도 이 힘을 키울 수 있고 연상하는 이미지도 보다 명확해질 것이다. 또한 연습을 하면 할수록 상대방을 보다 뚜렷하게 그릴 수 있다.

사람에 따라서는 처음부터 그 긴 관의 이미지를 떠올릴 수 있는 경우도 있지만, 대개 몇 번의 시도가 필요하다. 마음의 긴장을 풀고 고요한 가운데 관으로 연결하는 그림을 떠올려 보길. 무엇이 보이는가.

처음에는 희미하게 어렴풋이 나타날 것이다. 하지만 점점 또렷해지고 끝이 텅 비어있는 관의 모양이 보일 것이다. 이제, 그 길이가 점점 길어진다. 나중에는 그 긴 관으로도 잘 볼 수가 있다. 그 단계에 이르기까지 걸리는 시간은 사람마다 다르다.

그 차이는 마음속에 이미지를 그리는 방법을 얼마나 빨리 터득하느냐에 달려 있다. 이런 관의 이미지를 만들지 않고도 원하는 결과를 얻을 수 있지만, 결국 관 모양을 만들어 낼 수 있는 사람들이 최상의 결과를 얻는다.

반드시 명심해야 할 사항. 될 수 있다는 '긍정적인 마음의 자세'를 유지할 것! 그래야 좋은 결과를 얻을 수 있다. 또한 상대에게 생각의 파동을 보낼 때뿐만 아니라, 상대방이 보내는 파동의 영향력에서 벗어나고자 할 때에도 그런 마음의 자세가 필요하다.

외부로부터 오는 어떤 기운이 느껴지거든 진정한 자아에 대한 느낌을 떠올려라. 그러면 그 즉시 힘이 생기는 느낌이 들 것이며 상대가 보내는 생각의 파동이 들어오지 못할 것이다. 보다 높은 자아를 완전히 인식하면 생각의 기운이 당신을 감싼다.

그러면 특별히 의식하지 않아도 외부로부터 오는 생각의 파동을 막을 수 있다. 보다 높은 자아에 대하여 완전하게 알 수 있을 때까지는, 그저 자신의 진짜 자아에 대한 생각을 붙잡아 두길. 또한 진짜 자아를 생각할 때 떠오르는 '나'가 본래의 자기임을 확신할 것!

다른 사람이 보내는 생각의 파동이 비껴가는 모습을 떠올려보자. 생각의 파동이 보호막을 만들어서 당신을 감싸고 있는 모습을 그려보자. 그러면 생각의 오라 aura가 생겨나서 타인의 생각으로부터 당신을 지켜준다. 당신이 그 생각을 붙잡고 있는 한 생각의 오라는 없어지지 않으며, 다른 사람이 보내는 의지력으로부터 당신을 지켜주는 확실한 방패가 된다.

그러므로 마음에 이런 이미지를 그릴 수 있도록 연습해야 한다. 당신에게 커다란 도움이 될 것이다. 만약 다른 사람과 상관없이 홀로 생각에 잠기고 싶다면 생각의 파동을 차단하면 그만! 그때 당신의 생각은 매우 명료해질 것이다. 스스로도 놀랄 만큼.

생각의 오라를 뿜어내라

사람들이 보내는 생각의 파동은 우리를 바로 겨냥하지 않더라도 어느 정도는 영향을 끼친다. 자연은 우리에게 저항할 수 있는 본능적인 힘을 주었지만 어느 정도의 영향은 불가피하다. 혼자만의 의견이라고 생각하는 것들도 종종 주위 사람들의 공통된 견해에 불과할 때가 있다. 생활하는 곳이 바뀌면서 종교, 정치, 윤리 등에 대한 생각이 변하는 것을 종종 볼 수 있는데, 새로운 이웃들이 내보내는 생각의 파동에 맞추어 자신의 생각이 변하기 때문이다.

이와 비슷한 현상들은 쉽게 찾아볼 수 있다. 전 국민적인 공감대를 형성하는 감동이나 분노의 물결이 전국을 휩쓸다가 어느 날 갑자기 사라지기도 한다. 조용하던 군중들이 갑자기

사나운 폭도로 돌변하기도 하는 것이 그 예이다. 이것은 한 사람의 생각과 감정이 그에게 다가오는 생각의 파동에 어느 정도는 영향을 받기 때문에 나타나는 현상이다. 그러므로 중요한 결정을 해야 할 때에는 외부의 파동에서 벗어날 필요가 있다.

인생엔 선택의 순간이 많다. 뭔가를 해야만 하는데 어떻게 해야 할지 모를 때, 아주 중요한 결정을 해야만 할 때, 어둠을 밝히는 한 줄기 빛처럼 '아하, 바로 그거야'라는 생각이 떠오른다면 얼마나 좋을까. 누구에게나 그런 중요한 결정의 순간은 다가오는 법이다.

바로 그때 외부의 파동에 영향을 받지 않고 자기 내부에서 나오는 목소리에 귀를 기울일 필요가 있다. '본래의 나'가 보내주는 메시지를 받을 수 있어야 한다. 옷을 사러 가더라도 옆 사람의 말을 듣고 사면 으레 나중에는 후회하는 법. 더구나 인생에서 중요한 선택의 문제라면 오죽하랴.

그러므로 반드시 생각의 오라로 자기를 지킨 후 판단해야만 한다. 대개 가장 좋은 결정은 이렇게 이루어진다. 말하자면, 외부로부터 오는 생각의 흐름에 영향을 받지 않고 오로지 스스로의 이성이나 직관으로 판단하는 것이 중요하다. 또한 당신은 그렇게 할 수 있어야 한다.

이제, 먼 거리에 있는 상대와 직접 연결된 마음의 통로를 만들었다고 가정해 보자. 마술 같은 말이지만, 나중에 그 사람과 만나면 이전보다 당신에게 더 많은 관심을 보일 것이다. 그는 마치 오래 전부터 잘 알고 지내던 사이인 것처럼, 당신을 향해 눈을 한 번 찡긋거리거나 살인미소를 날릴지도 모른다. 또 당신도 그와 함께 있는 것이 '마음 편하게' 느껴진다.

그렇다고 상대가 반드시 당신이 원하는 모습을 보일 거라는 의미는 아니다. 그가 당신의 기대에 못 미치는 행동을 할 수도 있다. 하지만 모든 일은 생각보다 잘 진척될 것이다. 물론 자신의 의지를 멀리 보내는 연습을 반복하면 보다 효과가 있다. 실패한 듯 보이더라도 낙담하지 말라. 꾸준히 하면 반드시 성공할 날이 온다.

그 사람과 이야기를 나누는 동안 두려움은 잊어버리고 끊임없는 자신감만을 가지길. 당당한 자신감은 생기와 매력을 넘쳐나게 한다. 또 잊지 말고 눈의 힘을 사용하길. 때로 눈은 전에 만들어졌던 그 사람과의 마음의 터널을 다시 열어줘 유대감이 생기게 한다.

그 사람의 눈동자에 당신의 모습을 풍덩 빠뜨려라. 그러면 좋은 분위기로 무르익어 대화는 술술 잘 풀릴 것이다. 저마다 처한 상황은 모두가 다를 것이므로 자신에게 맞춤식으로 응용해 보는 요령도 필요할 듯. 하지만 그 원리는 모두 같다는 것을 꼭 기억해라!

신중한 독자들이라면 지금까지 내가 한 이야기를 하나도 놓치지 않으려고 할 것이다. 무심히 읽으면 놓치기 쉬운 행간의 의미를 놓치지 않으려고 한 마디 한 마디 주의 깊게 살펴볼 것이다. 또 다시 읽을 때마다 새로운 생각들이 떠오를 것이다.

대강대강 읽으면 그저 종잡을 수 없는 이야기로만 보이기 때문에 이 비밀스런 가르침을 알아볼 수 없다. 사람들은 자신이 찾는 것만 본다. 어떤 이들은 그저 평범한 석탄을 찾을 것이고, 어떤 이들은 숨겨진 다이아몬드를 발견할 것이다. 그것이 내가 의도하는 바이다.

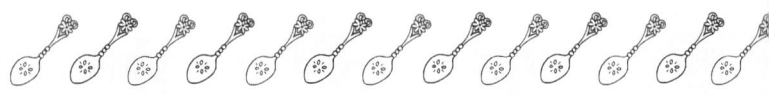

한 스푼 Tip :: 5

거울 앞으로 가서 눈이 비치는 지점에 표시를 한다. 이제 그 두 점을 다른 사람의 눈이라고 생각하고 바라본다. 처음에는 눈이 깜박거릴 수도 있겠지만, 곧은 자세로 서서 앞을 바라본다. 그리고 머리를 완전히 고정시키는 데 온 생각을 집중한다. 그 외의 다른 생각은 하지 말길.

머리가 가만히 있으면 눈과 몸도 움직이지 않는다. 그런 다음 자기 자신이 믿음직한 사람처럼 보인다고 생각한다. 당신은 누구나 신뢰할 만한 사람이라는 확신을 가져라. 상대가 당신의 표정을 보고, '저 사람 맘에 안 들어. 영 미덥지 못해'라는 생각이 안 들도록. 거울 앞에 서서 연습을 할 때 심호흡을 해보자. 방안 가득한 신선한 공기를 맘껏 즐겨라. 그 공기가 모든 세포에 스며들면서 소심함이 사라지는 상상을 해본다. 마음이 평안해지며 힘이 생길 것이다.

거울 앞에서 이야기하기

이 훈련은 하루에 3분 정도면 충분하다. 훈련을 시작하기 전에 시간을 체크하고, 혹 5분 이상 지속할 수 있다면 그렇게 하라. 다음에는 직접 거울을 보지 말고 그냥 의자에 앉아 마치 거울을 보고 하듯이 생각만으로 집중해보자. (구체적인 모습이 안 떠오르면 바라보고 해도 좋다.) 매우 많은 생각을 할 기회가 될 것이다. 첫날부터 떠오르는 생각들을 적어두는 것이 좋다. 그리고 새로운 생각이 떠오를 때마다 계속 적어가라. 집중력을 키우는 데 상당한 도움을 줄 것이다.

의지의 문이 열리면

애플을 창립했던 스티브 잡스의 이야기다. 그는 대학 공부가 비싼 등록금을 치러야 할 만큼 가치가 없다는 생각을 했기에 다니던 리드칼리지(Reed College)를 6개월 만에 자퇴했다. 자기가 인생에서 진정으로 무엇을 원하는지 알 수 없었고, 대학교육이 자신의 인생에 도움이 될지도 판단할 수 없었기 때문이었다.

그의 말에 따르면 자퇴는 '인생 최고의 결정'이었다. 그는 매일 아침 거울을 보면서, "오늘이 내 인생의 마지막 날이라면, 지금 하려고 하는 일을 할 것인가?"라고 자신에게 물어보곤 했다고 한다. 그 길을 갔을 때 '운명의 별'은 스티브 잡스를 이끌었다.

당신도 스스로에게 물어보자. "예"라고 나오는 길이 본래의 당신이 가고자 하는 길이다. 가장 중요한 것은 '마음과 영감을 따르는 용기를 가지는 것'이다. 행복하고자 하는 본래의 당신은 당신이 진짜로 무엇을 원하는지 알고 있기 때문이다.

폴란드에서 미국으로 이민을 온 사람이 있었다. 미국말을 제대로 구사하지도 못했을 뿐만 아니라 직업도 없었다. 게다가 직업훈련도 받지 못했기 때문에 자리만 생기면 무슨 일이든 해야 할 형편이었다. 운 좋게도 종묘원에서 일하게 된 그는 화분에 담을 흙을 캐는 단순한 일을 하게 되었다. 그 일을 너무나 잘했기 때문에 곧이어 꽃을 심는 일을 맡게 되었다고 한다.

그가 심는 꽃 중에는 모란이 있었다. 그는 모란을 좋아해서 정성을 들여 가꾸었고, 그 결과 다른 것들보다도 그가 가꾸는 나무는 아름답게 잘 자랐다. 때문에 주문이 늘어났고 그에게 할당되는 공간이 두 배로, 곧이어 네 배로 늘어갔다. 나중에 그 종묘원의 공동 소유자가 되었다.

이 이민자는 남들이 보기에는 하찮은 흙 캐는 일에서 자신의 자아를 꽃피우기 시작했다. 현재 각자 자기가 하는 일에서 정성을 쏟으면 그 다음은 하늘이 알아서 이루어 준다. 모두가 빌 게이츠가 되어야 행복한 삶이 실현되는 것은 아니다. 각자의 영혼에 담긴 '하늘나라' 는 모두 다르다. 그것을 깨어나게 하라. 그러면 '의지' 는 자연스럽게 피어나리.

Mind Technic

의지력 강화하기

1

거리를 걷고 있을 때, 앞에 가는 사람에게 관심을 집중한다. 거리는 최소 2미터 이상 떨어져 있어야 하는데, 더 멀어도 상관은 없다. 앞 사람의 뒷목, 머리가 시작되는 부분을 뚫어져라 바라보라. 그 목 뒤쪽을 계속 보고 있으면 그 사람이 머리를 돌려 당신 쪽을 살펴볼 것이다. 조금만 연습하면 완벽하게 해낼 수 있다. 그 방법을 터득하고 나면 얼마나 많은 사람들이 이런 행위에 영향을 받는지 알고 놀랄 것이다. 더 재미있는 것은, 남자보다는 여자가 이 힘에 더 민감하게 반응한다는 사실!

2

극장이나 공연장같이 사람들이 많이 모이는 곳에서 당신 앞에 앉아 있는 사람에게 시선을 고정시켜 보자. 첫 번째처럼 목 뒤에 초점을 맞추고 있으면, 그 사람이 주위를 살펴볼 것이다. 자리에서 안절부절못하고 다소 불편해하면서 두리번거리다가 마침내 몸을 반쯤 돌려 당신이 있는 곳을 힐끗 쳐다볼 것이다.

전혀 생소한 사람보다는 잘 알고 있는 사람을 대상으로 실험할 경우 성공확률이 높다. 당신과 잘 아는 사이일수록 효과도 빨리 나타난다는 걸 잊지 말길!

이 문제들을 각자가 독창적으로 적용해서 다양하게 시험해 볼 수도 있다. 하지만 원리는 모두 같다. 그와 같은 현상이 나타나는 이유는 어떤 결과를 기대하고 바라는 진지한 마음이 시선을 통해 집중되어서 나타나기 때문이다.

집중을 다루는 7장에서 자신의 의지를 집중시키는 방법을 익히게 될 것이다. 만약 이와 같은 결과가 나오지 않는다면, 당신의 집중력이 아직까지 충분히 계발되지 않은 탓이다. 따라서 날밤을 새우며 연습에 연습을 거듭해 볼 것!

3

전철 같은 곳에서 맞은편에 앉아 있는 사람을 선택한다. 하지만 바로 맞은편 말고 왼쪽이나 오른쪽으로 몇 좌석 떨어져 있는 사람이 좋다. 겉으로는 그 사람을 쳐다보지 않는 것처럼 하기 위해 얼굴은 정면을 향해 있어도 괜찮다.
하지만 그의 존재를 의식하고 있어야 하며 곁눈질로 볼 수 있어야 한다.

당신을 쳐다볼 것이라는 생각의 파동을 그를 향해 강하게 내보내라. 제대로 했다면 얼마 가지 않아 그 사람은 갑자기 당

■　■　■　■　■　■　■　■　■

신이 있는 곳을 향해 눈길을 보낼 것이다. 때로는 그저 스쳐 지나가듯이 당신을 보는 경우도 있겠지만, 때로는 당신이 마음에서 부르는 소리를 들은 것처럼 정확히 당신을 쳐다볼 수도 있다. 앗, 정말 아찔하지 않은가!

4

누군가와 이야기를 하고 있는데, 상대가 무슨 말을 할까 망설이는 모습을 보게 되면 예리한 눈빛으로 상대를 바라보라. 그러면서 당신이 생각하는 어떤 단어를 마음속으로 전달할 것. 강하게 암시를 보내라. 얼마 안 있어, 대개 상대는 당신이 생각했던 그 단어를 이야기할 것이다.

당신이 선택한 단어는 그 상황에 맞는 적절한 말이어야 한다. 생뚱맞은 단어라면 그의 마음이 사용할까 말까 망설이게 되고, 그 사이 다른 단어가 비집고 들어서기 때문이다.

5

이번에는 어떤 사람을 특정 방향으로 움직이게 해보는 흥미로운 실험이다. 첫 번째처럼 거리에서 앞 사람의 목 뒤에 시선을 집중한다. 반대 방향에서 다른 사람이 그 사람을 향해 걸어올 때 실험대상을 향해 오른쪽이든 왼쪽이든 피해서 갈 방향을 지시한다.

또는 문제를 약간 변형하여 당신을 향해 걸어오는 사람을 대상으로 이 실험을 해볼 수도 있다. 이때 피하지 말고 곧장 앞으로 움직여야 한다.
또한, 당신을 향해 오는 사람에게 시선을 고정시키고, 마음속으로는 오른쪽이든 왼쪽이든 피해갈 방향을 알려주어야 한다. 그렇지 않다면 두 사람은 쾅! 하고 넘어지는 몸 개그를 펼치게 될 듯.

6

창가에 서서 당신이 있는 쪽으로 다가오는 사람들을 바라본다. 그중 하나에게 당신의 시선을 고정시킨다. 동시에, 그 사람이 지나가면서 당신을 향해 고개를 돌릴 것이라는 생각에 마음을 집중한다. 그 사람은 당신이 마음속으로 내린 명령에 복종할 것이다.

집중력이 충분하였다면 대부분은 당신의 의지에 반응한다. 집중력 향상을 위한 훈련을 하지 않았다 하더라도 지나가는 행인에게 영향을 미칠 수 있다. 그 결과도 대개 만족스러울 것이다.

2층, 3층보다는 1층에서 실험할 때 훨씬 좋은 결과를 얻을 수 있다. 마음에 충동이 들어 행동할 때, 고개를 들어 위를 쳐다보는 것보다는 그저 머리를 돌려 쳐다보는 동작이 훨씬 수월하기 때문이다. 그래서 성공 비율도 1층이 압도적으로 많다.

이 실험을 변형해서 역으로 시도해 볼 수 있다. 예컨대 창가에 앉아있는 사람을 대상으로 지나가면서 하는 식으로. 이렇게 계속 하다보면 정말 재미있기 때문에, 자신의 힘을 시험해 보려는 새로운 아이디어들이 계속해서 쏙쏙 떠오를 것이다. 생각날 때마다 메모해 두고 실행해 보라. 생각의 힘이 그만큼 강해질 것이다.

이런 연습들은 자신의 힘을 확신하고, 생각의 파동을 내보내는 방법을 터득하는 데 도움이 된다. 이것들은 마음의 힘을 단련하는 수단일 뿐, 그 자체가 가치 있는 일은 아니다. 당신 자신이나 친구들에게 자랑하려는 마음으로 사용하지 말자.

이러한 '생각의 힘'은 결코 가벼운 것이 아니다. 그리고 사람들에게 보여줌으로써 그들의 호기심을 충족시키는 오락거리가 되어서도 안 된다. 이 말을 가슴에 새겨두길. 마음의 법칙이 갖는 중요성을 깨달은 사람들은 결코 자신의 지식을 과시하지 않는다.

06 OPEN THE MIND 3
성격의 문을 열어라

처음에는 우리가 습관을 만들지만
그 다음에는 습관이 우리를 만든다.

존 드라이든

"한 걸음 더!"

미국 서부개척시대의 초창기에,
새로이 서부로 이주하려는
사람들은 매우 싼값에 매물로 나와 있는
농장을 종종 볼 수 있었다.
처음에 정착했던 이들이 우물을 파다가
물이 나오지 않자 포기하고
헐값에 농장을 내놓은 것이다.
하지만 그 자리에서 조금만 더 파면
물이 펑펑 쏟아지는 경우가 많았다.
이들은 성공을 바로 눈앞에 두고 떠났던 것이다.

목표에서 눈을 떼지 말자.
목표에서 눈을 떼는 순간
현실이나 조건, 환경이 더 커보이게 된다.
당신을 좌절시켰던
바로 그 지점에서 한 걸음만
더 나가보자.
가장 큰 성공은 대개 그곳에 있다.

진정한 자아가 성공의 열쇠이다

지금까지 이 책을 읽고 나서 다음과 같이 말할 사람도 있을 것이다. "맞아요, 다 맞는 말이에요. 하지만 성공에 꼭 필요한 자질을 갖추었더라면 나도 성공했을 겁니다." 이와 같은 생각은 많은 사람들에게 커다란 장애물로 작용한다.

그들은 필요한 자질이 부족해서 성공을 하지 못했다고 생각한다. 성공에 필요한 자질을 갖출 수 없다는 생각이야말로 가장 잘못된 믿음이다. 이것은 일종의 두려움이다. 두려움은 정신을 갉아먹는다.

나는 어떠한 사람이 되기를 희망한다. 그렇게 원하는 대로 될 수 있을까? 사람의 마음은 의지에 영향을 받기 때문에 실제적으로 본인이 의도하는 모습으로 스스로를 변화시킬 수 있다. 의심할 바 없이, 사람은 자기 자신을 '다시 만들 수 있다.' 정말? 되묻고 싶은 사람이 많을 것이다. 그렇게만 해준다면 무슨 일이든 하겠다는 사람도 있을 것이다.

사람은 누구나 자신이 되고자 하는 모습으로 변해갈 수 있다. 쉽사리 믿어지지 않겠지만 이것은 절대적으로 진실이다!

다시 태어나는 것은 헛된 꿈일까? 아니다. 현실에서 일어나는 일이다. 당신은 이제 이 말이 무엇을 의미하는지 깨닫게 될 것이다. 성공은 마음과 성격, 자질이 어떠하냐에 달려 있다고 하지만, 오직 마음만이 진짜이다. 성격과 자질은 마음의 결과물일 뿐이다.

 당신은 성공을 위해 무엇이 필요한지 알고 있다. 에너지, 야망, 결단, 용기, 확신, 인내, 끈기, 신중함, 등등. 누구나 이런 특색들이 조금씩은 있다. 사람에 따라서는 어떤 부분은 강하기도 하고, 어떤 부분은 약하기도 하다.
 그리고 모든 사람들은 본능적으로 자신에게 어떤 점이 부족한지 알고 있다. 친구나 배우자에게조차도 그 사실을 말하지 않으려 하겠지만, 자신의 마음속 깊은 곳에서는 그 진실을 알고 있다. 하지만 당신은 단지 생각의 파동을 보내는 것만으로도 자신의 약점을 보완할 수 있다.

 이제 스스로 무엇을 원하는지만 알면 된다. 하지만 대개 확신과 인내심의 부족으로 자신에게 필요한 성격을 얻지 못하고 있다. '왜 난 성공하지 못할까?' 하며 자학하지 마라. 그런 당신에게 해줄 수 있는 말은 단 한 가지, 성공에 필요한 것을 갖추기 위해 기꺼이 무엇이든 하려는 자세를 준비하라는 것.

사실 당신은 이미 그것을 갖추고 있다. 무엇이든 하려는 자세는 그저 감춰진 그것을 밖으로 드러내는 데 필요할 뿐이다. 성공, 너무 쉽지 않은가? 모든 것은 마음먹기에 달려 있다는 말은 결코 헛소리가 아니다. 놀랍게도 성공의 진실은 정말 당신 가까운 곳에 있다.

성격의 습관을 부수는 비밀

먼저 우리 모두는 육체적으로나 정신적으로나 습관의 지배를 받는다는 점을 기억해야 한다. 평소 어떤 생각을 하느냐가 바로 우리의 모습이다. 우리는 어쩌면 선천적인 이유로 어떤 생각은 쉽게 습관화하고, 어떤 것은 좀 어렵게, 또 어떤 것은 거의 습관화하지 못하는지도 모른다. 그 결과 가장 저항이 적은 길을 따라간다. 결국, 성격은 습관의 결과이다.

우리는 마음의 새로운 길을 개척하기보다는 익숙한 길을 따라간다. 그런데 왜 새로운 길을 개척하지 않을까? 그 이유는 간단하다. '너무 성가시기 때문이다.' 그 새로운 길이 훨씬 좋다는 걸 알아도 현재가 더 편해 빠져나올 수 없는 것이다. 의지, 결단력, 끈기가 부족하기 때문이다. 물론 쉽지 않은 일이라는 건 인정한다.

하지만 받게 될 보상을 생각해 보라. 지금 이 책을 읽으면서 이미 알고 있는데 뭐 새삼스러울 것이 있겠냐고 반문할지도 모르겠다. 하지만 뭔가 다른 이야기를 해주려고 한다. 당신이 길을 만들면서 덤불과 장애물을 제거하는 데 많은 시간을 낭비하지 않게 도와주려는 것이다. 이왕이면 고생을 덜 하면서 길을 만들 수 있도록 해주고 싶다.

나의 이 새로운 계획은 아주 단순하지만 효과는 매우 크다. 그리고 당신을 '다시 태어나게'끔 해준다. 앞에서 마음은 두 가지의 기능, 곧 능동기능과 수동기능으로 나뉜다고 말했다. 능동기능은 의지가 개입된 독자적인 생각을 담당하고, 반면 수동기능은 능동기능이나, 혹은 다른 사람이 하는 말을 따라간다.

앞에서 수동기능을 소극적인 동생으로 비유하여 설명했다. 때문에, 최면술사는 비판적인 능동기능을 잠재우고 나서 이 수동기능에 최면을 건다. 어떤 의미에서 수동기능이 능동기능에 비해 열등하다고 할 수 있다. 그러나 이 마음속 수동기능을 잘 다루지 못하면, 실제로 이것이 우리를 지배하며 주인

행세를 한다.

수동기능은 우리를 습관에 젖게 한다. 당신이 믿고 싶은 뭔가를 자꾸 반복해서 들려주면 수동기능은 결국 그 생각을 따라갈 것이다. 생각, 행동, 기질, 성격의 습관을 부수는 비밀이 바로 여기에 있다.

습관을 변화시키려면 당신 마음의 능동기능이나 다른 사람이 당신의 수동기능에 암시를 보내면 된다. 습관은 그런 식으로 새롭게 시작된다. 오래된 생각의 습관을 부수고 그 자리에 새로운 생각을 집어넣기 위한 방법에는 여러 가지가 있다. 순전히 의지의 힘만을 사용할 수 있고, 능숙한 솜씨로 최면 암시를 걸어서 할 수도 있고, 몰입이라고 부르는 방법을 수동기능에 적용시킬 수 있다.

모든 사람은 자기 자신의 최면술사이다

뒤에 나오는 〈마인드 테크닉〉 '약점 고치기'편에서는 구체적으로 두려움과 근심에서 벗어나서 새로운 성격을 만드는 법을 보여줄 것이다. 두려움은 다른 모든 나쁜 생각들을 합한 것보다 더 많은 해악을 우리의 삶에 끼치고 있다. 다른 고약한 생각들의 근원이므로 좋지 않은 사고습관의 예로 안성맞춤이다.

두려움으로 상처받은 사람들은 자유로 향하는 길에서 멀어진다. 두려운 생각은 사람을 도와주는 법이 없으며, 그렇게 하려고 하지도 않는다. 두려운 생각은 수많은 사람들을 비참하게 만든다. 에너지를 빼앗아가고, 발전을 막으며, 마음을 약하게 만들고, 몸을 병들게 한다.

우리 모두는 느끼고 있다. 그래서 두려움을 쫓아내버린 사람들은 어떤 일이 있어도 다시는 그런 생각에 속박되지 않으려 한다. 마음의 유해한 잡초를 뽑아버린 사람에게는 인생이 완전히 다르게 다가온다. 우리가 두려워하는 것들은 대부분 실제로 일어나지 않는다. 간혹 일부 일어나는 일이 있긴 해도, 용기만 있으면 없애버릴 수 있다. 용기는 두려움과 근심을 날려버린다.

임종을 앞둔 어느 노인이 "아들아, 내가 80년 동안 많은 근심 속에 살아왔다만, 그 대부분은 실제로 일어나지 않았단다."라는 말을 남기고 갔다는 이야기가 있다. 이처럼 우리는 쓸데없이 근심하느라 너무나 많은 에너지와 생명력을 소모하고 있지는 않은지 살펴볼 일이다.

이제 두려운 생각에 사로잡혀 있는 당신은 그것을 없애려고 한다고 가정해 보자. 다음의 4가지 방법을 차례대로 사용해 볼 수 있을 것이다.

첫 번째로 당신은 '의지의 힘'을 사용해 볼 수 있다. 자신을 향해 "난 두려워하지 않을 거야." "두려움아 사라져라."라고 말하는 것이다. 당신은 앞에서 해본 마인드테크닉 '의지력 강화하기'를 통해, 더 정확하게 표현하면 의지로 마음의 능동기능을 강화함으로써 성공적인 결과를 기대할 수 있다. 강화된 능동기능이 수동기능에게 오래된 생각 습관을 버리고 새로운 생각을 받아들이라고 명령만 하면 되기 때문이다. 하지만 보다 손쉬운 방법도 있다.

두 번째는 최면술사로부터 '최면 암시'를 받는 방법이 있다. 최면술사는 당신의 모든 근육과 신경을 이완시키고 마음을 평온하게 만들어 당신의 정신을 하나로 모을 것이다. 이제 그는 용기, 희망, 자신감 등등의 암시를 당신에게 강하게 반복해서 심어준다.

말하자면, 새로운 생각의 씨앗을 심어 주는 것이다. 이제 그 씨앗은 자라서 낡은 생각을 밀어내고 그 자리를 차지한다. 전문가의 도움을 받는 것이 낫다고 판단되는 경우에, 이 방법을 사용해서 좋지 않은 생각의 습관을 고칠 수도 있다. 실제로도 많은 사람들이 그렇게 하고 있다.

나는 자기암시와 몰입의 이론과 실제를 가르칠 목적으로 이 방법을 사용하기도 하는데, 마지막 자신과의 싸움은 피시술자의 몫으로 남겨둔다. 하지만 최면술사에게 무작정 자신을 맡기는 것은 바람직하지 않다. 되도록이면 자기 스스로 할 수 있는 방법을 찾아야 한다.

세 번째, '자기암시'의 방법이다. 이제 당신은 "난 두렵지 않아.", "난 자신 있어.", "두려움을 몰아냈어.", "난 두려울 게 없어." 등등의 말을 스스로에게 반복하면서, 자기암시의 힘을 사용해볼 수 있다.

자기암시는 매우 진지한 자세로, 마치 다른 사람에게 암시를 걸고 있는 것처럼 해야 하며, 반드시 그 암시대로 행동하려고 노력해야 한다. 네 번째 방법인 생각의 몰입을 함께 병행하면 효과가 굉장히 좋다. 자기암시는 말하자면, 능동정신이 수동정신에게 자기 최면을 거는 것이다. 그런 의미에서 '모든 사람은 자기 자신의 최면술사이다.'

당신의 마음속 수동정신은 당신이 하는 말을 믿는다. 따라서 당신의 진술을 확신할 것이며, 그것들을 옳다고 여기고 그에 따라서 행동할 것이다. 당신이 신실하고 진지한 자세로 임하면 시작부터 그 효과가 나타나는 것을 볼 수 있다.

그러나 수동정신이 당신의 의식에 근심을 집어넣으면, 그 침입자를 없애는 일이 더 어려워진다는 사실을 명심하라. 자기암시를 두 배는 더 강하게 해야만 할 것이다. 처음에는 근심과 걱정 같은 생각들이 너무나 쉽게 마음을 차지해서 좀 괴로울 수도 있다.

하지만 지저분한 길거리 똥개가 당신의 손에 든 몽둥이를 보기만 해도 도망치듯이, 못된 생각도 그렇게 될 것이다. 똥개를 다스리는 데에는 몽둥이가 제격이다. 마음의 몽둥이라면 그놈을 쫓아내는 데 별 어려움이 없다.

나쁜 생각들이 곁에서 떠나지 않으려 하거든, 주저하지 말고 마음의 몽둥이로 내려쳐 쫓아내라. 꼬리를 내리고 도망칠 것이다. 그 이후에는 그 몽둥이만 보아도 감히 대들지 못한다. 그 혐오스런 존재가 당신을 괴롭힐 때까지 기다리지 말라. 항상 손닿는 곳에 마음의 몽둥이를 두기를.

네 번째는 '생각의 몰입'이다. 몰입이란 몸과 마음을 완전히 이완시킨 상태에서 시시때때로 자신이 원하는 새로운 자질 및 습관에 온 생각을 고정키는 것을 말한다.

그러므로 이 방법이 효과를 보려면, 암시를 받아들이기 쉬운 상태 곧 몸과 마음을 완전히 이완된 상태로 만들어야 한다. 당신이 수동적이면 수동적일수록 그 효과도 크다.

다른 말로 하면, 몸과 마음이 완전히 무저항의 상태가 될 때까지 긴장을 푸는 것이다. 이렇게 하면 당신의 능동정신은 자신의 의무에서 해방되고, 수동정신이 주도권을 쥐게 된다. 그런 다음 침착하고도 단호하게, '난 대담한 사람이야'와 같은 생각들을 떠올린다. 또한 당신이 자신감에 넘쳐 행동하는 모습을, 마음의 몽둥이로 그 근심을 쫓아내는 모습을 마음속에 그려본다.

늘 그 생각을 달고 살아야 한다. 밤과 낮을 가리지 말고 시간이 날 때마다, 자신이 희망하는 미래의 모습을 생각하라. 그러면 실제로 이뤄진다. 당신의 상상에 수동정신이 반응하는 것이다. 단순해 보이는 방법이지만, 그 효과는 거의 기적과 다를 바 없다. 매우 놀라운 일이다. 이것이 바로 가장 쉽게 그리고 가장 효과적으로 성격을 다시 만드는 방법이다. 비교적 짧은 시간에 상상이 현실이 된다.

맘껏 상상하라. 하지만 당신이 희망했던 생각의 선에서 이탈하지는 마라. 집중할 때 가장 효과가 있다는 사실을 알게 될 것이다. 당신의 마음속에는 항상 용기 있는 생각으로 차 있을 것이며, 따라서 자연스럽게 그렇게 행동하려고 노력할 것이다.

마치 어떤 배역을 맡은 연극배우처럼 그렇게 행동하라. 곧 실제 그런 사람으로 변해갈 것이다. 언젠가 당신은 진짜 그런 사람이 된다. 그렇게 노력하면, 그 성격은 제2의 천성이 되고 결국 당신의 진짜 본성이 된다.

앞서 소개한 방법들 중에서 자기암시와 생각의 몰입을 결합하는 것이 가장 이상적이다. 그렇게 되면 비교적 빠른 시일 내에 효과를 볼 수 있다. 너무 단순한 방법이라고 얕보지 말고 그 가치를 경험해 보길 바란다. 이 세상을 다 준다 해도 바꾸고 싶지 않을 것이다.

뒤에 나오는 〈마인드 테크닉〉 '약점 고치기' 편은 당신의 성격을 고치는 데도 많은 도움을 줄 것이다. 집중을 위한 훈련도 게을리 하지 말길. 그렇다고 집중력이 완전히 길러져야 가능하다는 소리는 아니다. 성격 고치기는 지금 바로 시작할 수 있다. 자신감과 인내심이 부족한가? 그 결핍증을 치료하는 방법과 두려움을 치료하는 방법은 다르지 않다. 〈마인드 테크닉〉을 참고하여 자기암시에 사용되는 말을 그 경우에 맞게 변경해서 사용하면 된다.

한 스푼 Tip :: 6

자신에게 없애고 싶은 나쁜 버릇이 있다면? 당신의 진짜 자아가 앞에 서 있는 모습을 상상해 보자. 그런 다음 긍정의 힘을 사용해 본다. 자신에게 다음과 같이 말한다.

"너는 나약한 사람이 아니야. 너는 없애고 싶은 이 버릇을 고칠 수 있어. 이 습관은 나쁘잖아. 넌 그것을 없애고 싶어 하잖아."

나쁜 버릇 고치기

누군가가 자신에게 이러한 조언을 해주고 있다고 상상하기만 하라. 아주 유용한 방법이다. 때가 되면, 다른 사람이 당신을 쳐다보듯이, 당신이 자기 자신을 들여다보게 된다. 당신을 지배하던 그 습관은 힘을 잃고 이제 당신은 자유를 찾는다.

당신이 자신을 지배하고 있는 모습을 마음속에 그리기만 하면 된다. 그러면 나쁜 버릇이 고쳐지는 기쁨을 맛볼 수 있을 것이다. 이런 방법으로 금연이나 금주를 시도해 보는 것은 어떤가?

새로운 삶은
준비된 사람에게만 찾아온다

성경에 다음과 같은 장면이 나온다.

눈을 뜨기 위해 애타게 자신을 찾는 소경을 향해 예수는 "내가 너에게 무엇을 하여 주기를 바라느냐?"라고 오히려 되묻는다.
"다시 볼 수 있게 하여 주십시오."
그때 예수가 말했다. "네 믿음이 너를 구원하였다."

예수는 말했다. 소경이 나은 것은 나을 수 있다고 소경이 믿었기 때문이라고. 낫고자 원하는가? 진짜로 믿으면 나을 것이다.
진정한 자아를 발견하지 못하고, 마음의 법칙을 깨닫지 못하면 누구나 소경이고 병자이다. 당신은 몇 년 동안이나 자리를 깔고 누워 있었는가? 당신도 낫고 싶은가?
"성공하고 싶은가?"
"행복하게 살고 싶은가?"
"새로운 인생을 살고 싶은가?"
당신 스스로 그렇게 된다고 믿으면 그렇게 된다.

새로운 삶은 그렇게 되리라 믿고 준비한 사람에게만 찾아온다. 둥근 무덤은 여성의 자궁을 본떠 만든 것이라고 한다. 인간은 아주 오래전부터 그렇게 부활을 꿈꾸어 왔다. 왜 그럴까? 살아 있을 때 충분히 행복하지 않았기 때문은 아니었을까? 살아 있을 때 충분히 행복할 권리가 우리에게는 있다. '다음 생'은 헛된 꿈일 뿐이다. 지금 현재에서 자신의 인생을 살아가자.

약점 고치기

자신의 약점인 좋지 않은 성격을 고치고 싶다면, 그것과 반대되는 단어를 고른다. 예컨대, 게으른 성격이라면 '부지런함', '기력' 등과 같은 단어를 선택한다. 방을 밝히려 할 때, 먼저 어둠을 쫓아내려고 힘쓸 필요 없이 그저 블라인드를 올려서 빛이 들어오게 하면 된다. 그러면 어둠은 물러간다.

'성격 고치기'도 마찬가지이다. 좋지 못한 생각으로 고통당하지 말라. 대신 그 반대의 생각들에 집중하자. 그러면 긍정이 부정을 중화시킬 것이다. 그것이 당신에게 필요한 전부이다. 계속해서 운동하면 근육이 발달하듯이, 마음도 그렇게 될 수 있다. 다음은 '용기'에 집중함으로써 자신의 '두려움'을 쫓아내는 직접 해볼 수 있는 방법이다.

1단계

되도록 바깥 세계와 차단된, 조용한 장소를 찾는다. 딱 맞는 장소를 확보할 수 없다면, 현실적으로 선택할 수 있는 가장 적합한 곳을 골라라. 단, 마음을 방해하는 것이 없고 홀로 있을 수 있는 곳이어야 한다.

2단계

긴 소파나 침대 혹은 안락의자를 고른다. 아주 편한 자세로 모든 근육과 신경의 긴장을 풀어라. 머리에서 발끝까지 기운을 완전히 쭉 빼라. 숨을 깊게 그리고 천천히 들이쉬고, 잠시 숨을 멈춘 후에 다시 내뱉는다. 마음이 고요해지고 평온해질 때까지 그렇게 반복한다.

3단계

외부에서 오는 영향을 철저하게 차단하면서, 자신의 내부를 향하여 모든 의식을 집중하라.

4단계

몸과 마음의 긴장이 제대로 풀렸으면, '용기'라는 단어에 생각을 고정시킨다. 오로지 그것만 생각한다. 그 단어가 마음속으로 촉촉이 스며들게 하라. 오로지 그 단어에 몰두하라. 그런 다음 그 단어의 의미와 담대한 사람들의 특색, 자질 등에 대해 생각한다.

5단계

당신이 원하는 자신의 모습을 마음속에 그려보자. 그렇게 그려진 자신이 마음속에서 활동하게 하라. 그런 꿈을 꾸어라. 간단히 말해서, 즐거운 '백일몽'에 푹 빠지라는 말이다. 자신이 원하는 것을 가지게 되는 상상을 하라. 맘껏 상상하라. 하지만 본론을 벗어나지는 마라.

6단계

이 연습을 반복한다. 떨어지는 물방울이 바위를 뚫는 것과 같은 이치이다. 생각을 반복하면 빨리 뿌리를 내리고 잘 자라게 된다. 잠자리에 들기 전에 이 연습을 하는 것도 좋지만, 가능하면 저녁에 깨어 있을 때에도 연습하라. 그렇게 하다 보면 오히려 잠이 오는 경우가 있다. 얕은 잠이 들더라도 효과가 있으므로, 졸리면 졸린 대로 그냥 연습하면 된다.

지금까지 자신의 약점을 고치는 방법들에 대해서 배웠다. 당신이 그 치료법을 사용하지 않는다면, 단지 스스로 원하지 않기 때문이다. 당신에게 강한 욕구가 있다면 그 치료제를 복용할 것이다. 당신이 열망하지 않는다면, 아무 도움도 받을 수 없다. 지금 이대로가 좋아서 계속 살아온 대로 살고 싶다면 그렇게 하라. 당신의 주인은 당신 자신이니까.

07 OPEN THE MIND 4
집중의 문을 열어라

> 당신이 다른 사람들보다 잘하는 뭔가가 한 가지는 있는 법이다. 당신이 잘할 수 있는 일이 있다. 한 가지라도 발견하거든, 최고가 되기 위해 모든 시간과 노력을 다해서 그것을 배우도록 하라.
>
> **로버트 콜리어**

"이미 이루어졌어!"

우주개발 초창기인 1959년 1월 2일, 옛 소련의
과학자들이 작은 달이라는 뜻의 달 탐사선
'루니크'를 발사했다. 처음으로 인간이 만든 탐사선이
달 궤도에 진입한 순간이었다. 임무를 마친 루니크는
미지의 우주 속으로 사라져 갔다.
하지만 과학자들은 우주를 향한 자신들의 염원을
담아 탐사선 '루니크'를 '꿈'이라는 뜻의 '메차'로
바꾸어 불렀다. 그 뒤로 수많은 탐사선이 우주를 향해
발사되었다. 태양계 행성 곳곳을 둘러보고 나아가
태양계 밖으로까지 나아가게 되었다.
우주를 향한 인류의 꿈은 지금도 실현되고 있는 중이다.
그리하여 사람이 직접 화성과 목성 같은 다른 행성에
발을 내딛게 되는 날이 오고야 말 것이다. 달의 표면
사진을 찍는 것이 목표의 전부였던 적이 있었지만,
'꿈'은 보다 큰 가능성의 세계를 열어 주었다.
생각의 힘을 이해하고, 그 파동의 힘을 키우기 위해

무엇을 해야 하는지 살펴보면서 당신은 새로운 세계의 문을 열었다. 생각이 바뀌면 인생이 바뀌고, 한 사람의 인생이 바뀌면 우주가 바뀌는 것이다. 이 책과 여행하면서 당신은 이제 그 진리를 이해하게 되었다. 당신의 '메차'는 무엇인가? 그 꿈에 집중할 때 무엇이든 현실이 된다. 당신의 '메차'는 행복과 성공이라는 행성에 무사히 착륙하였다. 생각의 강력한 파동을 내보낼 수 있게 된 새로워진 당신은 이제 행복과 성공의 주인공이다. 집중의 문을 통과하여 당신의 '메차'를 발사했을 때 당신은 "난 할 수 있어, 해내고 만다!"에 이어 "이미 이루어졌어!"라는 강력한 생각의 파동을 내보낸 것과 다름없다. 당신이 생각의 파동을 우주로 내보냈을 때 이미 그것은 이루어졌다. 그러므로 당신이 외쳐야 할 말은 이렇게 바뀌어야 한다.

"난 할 수 있어!, 해내고 만다!, 이미 이루어졌어!"

인생을 바꾸는 기술

우리들은 이야기를 하면서 '집중(력)concentration'이라는 단어를 종종 사용한다. 이때 그 단어는 '불러 모은다', '한 가운데로 모은다'라는 뜻으로 '중앙의 한 점으로 모으기', 혹은 '초점을 맞추기'로 정의할 수 있다.

'집중하다'라는 말은 이처럼 외부의 모든 생각과 느낌을 배제하면서 특정 생각이나 행동 하나에 마음을 모은다는 뜻으로 사용된다. 이것은 일상생활에서 매우 유용하게 사용되는 능력이다. 또한 '집중하다'라는 말은 육체인 몸 혹은 전체 자아로부터 나오는 모든 생각을 배제하고 영혼의 보다 높은 곳에 마음을 둔다는 뜻으로도 사용된다. 즉, 영적인 의미로도 사용되고 있다. 이때는 의지력을 키우고 생각의 파동을 매우 강력하게 보내기 위해 '본래의 나'에 집중한다는 의미이다.

사람들이 무척이나 가지고 싶어 하는 능력 중 하나가 바로 어떤 생각이나 행동에 집중하는 기술이다. 집중력을 키우는 연습을 해온 사람들은 흥미를 잃지 않고 머리를 써가며 자기 일에 몰두할 수 있다. 집중력을 연마함으로써 마음을 다잡고 자기 일에 모든 생각을 모을 수 있게 된다. 때문에 그 일의 결과도 더 좋아진다. 성공한 사람들은 모두 집중의 기술을 터득한 자들이다.

지금 하고 있는 일에서 성공을 하지 못해서 낙담하고 있는가? 그렇다면 집중하는 법을 배워라. 그것만이 필요하다. 지금 당신 앞에 새로운 밧줄이 있다. 손에 침을 한 번 뱉고, 그 줄을 잡아든 후 힘껏 당겨라. 그저 잡아당기기만 하면 된다. 그 밧줄의 끝에 당신이 애타게 찾고 있는 것이 있다. 잡아라!

꿈만 꾸지 말고 지금 당장 시작하라

현재의 삶에는 관심이 없고 이 세상을 떠난 후, 즉 사후에 '영화를 누리는' 꿈을 꾸며 세월을 보내는 사람들도 있다. 하지만 우리는 현재의 삶에 충실할 필요가 있다. 행복과 성공은 지금 이루어져야 의미가 있기 때문이다.

만물은 항상 움직이며, 조물주는 날마다 열심히 일한다. 아마 당신이 하늘나라에 가면 '빈둥거리지 말 것'이라는 표지판을 보게 될 것이다. 일에 흥미를 느끼면 두려움이 없어진다. 당신의 부와 행복을 위해 일을 시작하라, 지금 당장!

집중할 줄 아는 사람은 자기 손에 확실한 우울증 치료제를 들고 있는 것과 마찬가지이다. 왜냐하면 불쾌한 생각들을 몰아내고 좀 더 쾌활한 대상에 생각을 집중할 수 있기 때문이다. 집중을 할 수 없다고 말하지 말라. 당신은 할 수 있다. 집중하는 '요령'을 깨우치면 된다. 수많은 사람들이 이런 방법으로 우울, 낙심, 근심, 공포 같은 것들을 이겨낸다.

도전해 보라. 인생이 완전히 다르게 나타날 것이다. 삶이 감격으로 다가온다. 이제는 이 세상에 태어난 것을 후회하는 대신 살아 있음에 감사하게 될 것이다. 자신의 일을 더 잘하고 기분이 좋아질 것이다. 더 나은 존재가 될 것이다. 한번 시도해 볼 만하지 않은가?

무엇을 하든지, 전력을 다하라

집중을 하면 어떻게 달라지는지 간단한 실험을 해보도록 하자.

먼저, 연필을 한 자루 준비한다. 이제 그 심을 깎아보라. 좀 있다가, 다시 깎기에 도전한다. 이번에는 이 연필을 제대로 깎기 위해서 자신이 세상에 태어났으며, 그것만이 삶의 유일한 목적이라고 생각한다. 또한 연필 깎는 것 이외에는 아무것도 생각하지 말고 온 에너지를 쏟아 부어 보라. 어떤가? 그 차이가 느껴지는가?

이 책에서 제시하는 것들을 반복해서 해보기 바란다. 생각이 옆길로 새지 않고 무엇이든 할 수 있을 때까지 연습, 또 연습! 좋아하는 일에는 누구나 집중할 수 있다. 그러나 단조롭고 재미없는 일에 집중하려면 자꾸 딴 생각이 들기 때문에 의지의 힘으로 집중을 하는 방법을 배워야 한다. 그 난관을 극복하면 불쾌하고 재미없고 단조로운 일에도 집중할 수 있다. 그때, 당신은 커다란 장애물을 뛰어넘었다는 사실을 깨닫게 될 것이다.

똑같은 태양광선이지만 돋보기를 통해 하나로 모이면 훨씬 높은 열이 발생된다. 주의력도 마찬가지이다. 산만하게 흩어져 있으면 그저 그런 결과밖에 안 나오지만 하나로 모이면 엄청난 에너지가 폭발한다. 집중하는 사람은 자신의 주의력과 생각의 힘을 어떤 목표로 향하게 한다. 그 결과 의식적이든 무의식적이든 그가 하는 모든 행위는 그 목표를 달성하는 쪽으로 움직인다.

앞서 이야기했듯이, 강렬하게 원하기만 하면 누구든 원하는 모든 것을 얻을 수 있다. 모든 에너지가 오로지 한곳으로만 모이면 반드시 그 성과가 나타난다. 그래서 "무엇을 하든지, 전력을 다하라." 그리고 "한 번에 한 가지씩, (집중해서) 제대로 하라."라는 말이 있지 않은가?

생각의 코트를 바꿔 입어라

집중으로 얻게 되는 이득 중 하나가 바로 몸과 마음을 편히 쉬게 할 수 있다는 것이다. 어떤 일을 하다 보니 몸과 마음이 완전히 지쳐버려서 도저히 쉬지 않고는 버티기 힘든 상황이라고 해보자.

이때는 바로 지친 몸을 누인다고 휴식이 되지 않는다. 대개는 마음속을 채우고 있던 생각들이 점점 살아나서 당신을 못살게 굴 것이다. 도저히 편히 쉬게 그냥 두지를 않는다. 각각의 생각들은 뇌의 특정 부위의 세포를 활성화시키는데, 이때 다른 부위의 뇌세포들은 휴식을 취하고 있다. 이것이 지금 뇌에서 벌어지고 있는 모습이다.

따라서 특정 부위의 뇌세포가 과도한 훈련이나 일 때문에 기진맥진해졌을 때, 충분한 휴식을 취할 수 있는 유일한 방법은 완전히 다른 종류의 생각에 집중하는 것. 새로운 생각에 집중하면 다른 뇌세포가 바빠지지만, 이전에 지쳐 있던 뇌세포들은 일에서 해방되어 충분한 휴식을 취할 수 있다. 이 세포들은 일에 굶주려 다시 움직이려고 할지도 모른다. 하지만 집중의 기술을 연마했다면 충분히 제어할 수 있다.

 일 때문에 머리가 지끈거려서 좀 쉬려고 소설책을 집었다가 한동안 정신없이 읽은 경험이 있을지도 모르겠다. 소설의 재미에 푹 빠져 있는 동안 조금 전에 일하던 뇌세포는 휴식을 취한다. 따라서 책을 읽는 것이 상당히 많은 에너지를 소모하는 일임에도 불구하고, 새롭게 상쾌한 기분을 느끼는 것이다.

 이제 실전에 들어가 보자. 일이 정신적으로 너무 힘들다고 불평할 필요도 없다. 당신이 필요에 따라 코트를 바꾸어 입고, 또한 입었다 벗었다 할 수 있듯이 자신의 생각도 그렇게 할 수 있다.

한 스푼 Tip :: 7

초침이 있는 시계를 테이블 위에 놓고 의자에 앉는다. 초침에 시선을 맞추고 따라간다. 초침 이외에는 아무 생각도 하지 말고 3분 동안 그렇게 초침을 따라간다. 시간적 여유가 얼마 없을 때 하기 좋은 훈련이다.

초침 바라보기

단, 다른 어떤 생각보다 초침에 집중할 수 있어야 한다. 사실, 초침을 계속 바라보는 것은 매우 지루한 일이기에 3분 동안 바라보기는 쉽지 않다. 성공하려면 의지력을 발휘해야 하며 그 자체로도 가치가 있다. 이 훈련을 할 때에는 되도록 고요한 상태를 유지하는 것이 좋다.

성공한 사람과의 차이

타이거우즈는 어릴 적에 자신의 사인을 하여 사람들에게 주었다고 한다. 자신이 앞으로 유명한 골프선수가 될 것임으로 미리 받아두라는 말과 함께. 널리 알려진 이 일화에서 우리가 주목해야 할 것이 있다.

그는 이미 자신이 어릴 적부터 최고의 골프선수가 되었음을 선언했던 것이다! 만일 어린 타이거우즈의 마음속에 조금이라도 의심이 들었다면 그와 같은 행동을 했을까? 그의 성취에 대한 열망과 자신에 대한 믿음과 반드시 이루겠다는 결심의 강도에 주목해보자.

미국정부의 심령현상 연구에 참여했던 네바다 대학의 의식연구소 소장인 딘 라딘 박사는 인간의 의식에 보이지 않는 장(場)이 있으며 집단에서도 그 장이 형성됨을 밝혀낸 바 있다.

또한 그 의식의 장은 어떤 사건의 발생확률을 높이며, 물리계도 이 의식의 장에 응답함을 증명했다. 앳킨슨의 주장이 1990년대에 이루어진 라딘 박사의 실험으로 과학적으로도 증명된 셈이다.

그러면 '생각은 실체다.' '생각은 행동으로 자신을 드러낸다.' '생각은 같은 종류의 생각을 끌어당긴다.' 라는 명제와 같이 놓고 생각해보면 너무나 명백히 드러나는 진실이 보이지 않는가?

사람들은 성공한 사람들의 방법을 찾으면 자신도 성공할 수 있다고 생각하는 경향이 있다. 하지만 방법이 문제가 아니다. 보통 사람들과 성공한 사람의 차이는 바로 간절히 원하는 '열망의 차이'이며, 자신에 대한 '믿음의 차이'이며, 하고 말겠다는 '결심의 차이'이다. 성공한 사람들은 성공하는 방법을 안 것이 아니고, 이룰 수 있다는 자신감과 믿음이 있었던 것이다!

Mind Technic

집중력 강화하기

1 :: 마음으로 통제하기

집중을 하기 위해서는 스스로를 생각과 소리와 시야로부터 완전히 차단시키는 능력이 필요하다. 또 주의를 기울일 수 있는 능력, 몸과 마음을 완전히 통제할 수 있는 능력이 있어야 한다. 몸은 마음으로부터, 마음은 의지로부터 직접 통제를 받아야 한다. 진짜 자아로부터 나오는 의지는 충분히 강하다. 하지만 마음은 의지의 도움을 받아 그 힘을 강화시킬 필요가 있다.

마음이 의지의 자극에 의해 강력해지면, 내보내는 생각의 파동도 훨씬 강해지고, 따라서 그 파동의 효과도 좋아진다. 우선 마음의 명령에 몸을 완전히 복종시키는 연습부터 한다.

1단계

가만히 앉아 보자. 집중력을 사용하여 무의식적인 근육의 움직임을 그치게 하려는 시도이므로 아마 쉽지 않을 것이다. 그렇게 근육을 전혀 움직이지 않고 10분 혹은 그 이상 앉아 있으려면 어느 정도의 연습이 필요하다.

가장 좋은 방법을 소개하겠다. 우선 안락의자에 아주 편한 자세로 앉아서 긴장을 완전히 푼다. 그런 다음 3분 동안 가만히 있어 본다. 이제 시간을 5분으로 늘린다. 또 5분 동안 완전히 부동의 자세로 있을 수 있는 상태가 되면 10분으로 늘린다. 그 시간을 무한정 늘려갈 필요는 없다. 대략 15분 정도면 된다.

이 연습은 한 번에 조금씩 해보는 것이 좋다. 싫증을 내지 말고 되도록 자주 연습하라. 빳빳한 자세로 앉아 있으면 안 된다. 근육의 긴장을 풀고 완전히 이완된 상태에서 하는 것이 좋다. 몸이 몹시 피곤하여 쉬고 싶을 때, 이렇게 긴장을 풀고 근육을 이완시키면 많은 도움이 된다. 의자에 앉거나 소파나 침대에 누워서 해도 상관없다.

2단계

 의자에 바른 자세로 앉아 윗몸과 머리를 똑바로 세운다. 아래턱은 약간 위로 내밀고, 어깨를 뒤로 젖힌다. 오른손을 어깨 높이로 들어 올린 다음, 오른쪽 방향으로 이동하여 어깨와 일직선이 되게 한다. 이때 손바닥은 아래를 향해야 한다. 고개를 돌려 오른손에 시선을 고정시킨다. 손을 움직이지 말고 1분 동안 그 자세를 유지한다.

이번에는 왼손을 그렇게 한다. 완벽하게 되면, 이제 시간을 2분으로 늘린다. 그런 다음 3분으로, 이런 식으로 5분까지 늘린다. 손에 시선을 고정시킬 때 손가락 끝을 바라본다.

3단계

와인 잔에 물을 가득 붓는다. 오른손으로 잔을 잡아 앞으로 가져온다. 눈은 잔에 고정시키고, 손은 물이 흔들리지 않을 정도로 잔을 꽉 잡아야 한다. 1분 동안 연습을 하고 시간을 점점 늘려 5분이 될 때까지 한다. 오른손과 왼손을 번갈아가면서 해보자.

2 :: 의지로 통제하기

1단계

탁자 앞에 앉는다. 주먹을 쥔 다음 손등을 탁자에 댄다. 이때 엄지손가락이 다른 손가락 위에 오도록 한다. 잠시 동안 주먹에 시선을 고정시킨다. 이제 천천히 엄지를 편다. 그리고 나머지 손가락도 차례대로 편다. 그런 다음 다시 새끼손가락부터 접어가면서 원래의 상태로 돌아간다.

왼손도 이런 식으로 해본다. 처음 자리에 앉아서 오른손, 왼손 각각 3번을 반복한다. 그 다음 5번으로 늘린다. 이때 당신의 시선은 움직이는 손가락에서 떨어지면 안 된다.

이것은 사소하고 단조로운 움직임에 주의를 기울임으로써 근육의 움직임을 직접적으로 통제하려는 것이다. 손가락을 펴고 다시 접고 할 때 정신을 집중하라. 산만해져서는 안 된다. 그것이 핵심이다. 손가락의 움직임에 주의를 기울이지 않으면 효과가 없다.

2단계
양손의 네 손가락은 깍지를 낀 상태에서 좌우 엄지손가락을 위아래로 교차시키면서 천천히 빙빙 돌린다. 이때 양 엄지손가락 끝의 움직임을 주의 깊게 보아야 한다.

3단계
무릎 위에 오른손을 올려놓는다. 집게손가락만 빼고 가볍게 주먹을 쥔다. 집게손가락은 앞쪽을 향하도록 한다. 이제 그 손가락을 좌우로 천천히 움직인다. 이때 시선은 손끝에 고정시키도록 한다.

이 밖에도 당신이 창의성을 발휘하여 다양하게 변형시켜 시도해 볼 수 있다. 다만, 눈에 익은 사소하고 단조로운 근육운동이어야 하고, 신체의 움직임에 시선을 고정하고 정신을 집중할 수 있는 훈련이어야 한다.

3 :: 물건에 집중하기

이번에는 당신과 관련이 없는 물질적인 대상에 관심을 집중시켜 보자. 연필과 같이 주변에서 쉽게 볼 수 있는 것을 하나 선택한다. 이제 3분 동안 온통 그 물체에만 집중한다. 오로지 그 연필만 바라보라. 뒤집어 보고, 돌려 보고, 용도·목적·재료·제조 과정 등등을 생각해 본다. 그 연필 이외에는 생각하지 말자.

이 세상에 태어난 목적이 바로 이 연필을 탐구하는 것이라고 생각하자. 이 세상에는 당신과 이 연필밖에 없다! '이 세상에는 오직 두 가지만 존재한다. 연필과 나.' 연필로부터 당신의 주의력이 떠나지 않도록 하자.

이렇게 해보면 당신의 주의력이 얼마나 반항적인 존재인지 알게 될 것이다. 하지만 그놈에게 지면 안 된다. 반항하는 주의력을 제압하고 나면, 커다란 승리를 거두었음을 알게 될 것이다.

이 연습은 날마다 그 대상을 바꾸어 가면서 할 수 있다. 단, 뭔가 눈에 익숙하고 사소한 물건을 골라야 한다. 당신의 관심을 유발하는 것은 안 된다. 왜냐하면 그런 물건은 별 노력 없이도 집중이 가능하기 때문이다.

관심을 지속하기 어려운 물건일수록 집중하는 것이 '일'이 되

■　■　■　■　■　■　■　■

고 그래야 훈련의 성과도 좋아진다. 이 훈련의 곤란한 점은 어느 정도 대상을 물색하다 보면 더 이상 고르기가 힘들어진다는 것이다.

그리하여 나중에는 하찮은 물건에 집중하는 것 자체가 흥미를 불러일으키는 단계에 이른다. 하지만 그런 단계가 되면 더 이상의 연습은 필요치 않다. 왜냐하면 그때는 대상을 가리지 않고 집중을 할 수 있기 때문이다.

지금까지 소개한 정도면 당신의 목적을 달성하는 데 부족함이 없을 것. 당신은 소개된 훈련 내용뿐만 아니라, 그것을 다양하게 변형시켜 도전해볼 수 있다.

창의력을 발휘하여 훈련의 범위를 넓혀가도록 하자. 자신의 일상생활 속에서 방법들을 찾아 나가자. 이제 당신은 이 훈련의 의도와 목적을 이해하고 있다. 그러니 훈련의 재료를 못 찾아 당황하는 일은 없을 것이다.

또한 이제는 집중이 가져다주는 이득을 알게 되었다. 따라서 보다 잘 이해될 것이다. 당신은 자신의 생각과 의지를 다른 사람에게 더 잘 전달할 수 있게 된다. 또한 암시와 생각의 파동을 내보내는 힘을 더욱 키울 수 있다.

눈의 힘을 키우기, 의지를 멀리 보내기 등 이 책에서 소개한 테크닉을 통해 당신은 점점 새로워진다. 나쁜 습관을 고치고, 새로이 좋은 습관을 자신의 것으로 만들어갈 수 있다. 간단히 말해서, 집중의 기법을 연습해 당신은 전보다 모든 것을 잘하게 된다. 당신의 잠자던 자아가 깨어날 것이며, 내보내는 생각의 파동도 그 강도가 더욱 커질 것이다. 당신은 자신의 몸과 마음을 완전히 통제할 것이며, 자신의 성격에 속박되지 않고 오히려 주인 노릇을 할 것이다.

당신이 얻게 된 그 힘은 다른 대상을 지배하는 힘으로 나타난다. 자기 자신을 정복한 사람은 힘들이지 않고 다른 사람들에게 자신의 의지를 행사한다. 끊임없이 집중력을 연마하고 또한 의지가 마음을 이끌면, 당신은 그렇지 않은 사람들보다 위대해질 수 있다. 당신 자신의 주인이 되었다는 걸 느낄 때까지 여러 가지 방법으로 의지력을 시험해보고 자기 자신을 지배하라!

성공하지 못할 것이라는 생각은 결단코 하지 마라. 성공한다고 믿기만 한다면, 그 순간 이미 소원은 이루어진다. 그 성취된 모습을 그림으로 선명하게 그려보라. 그런 다음 그것을 얻는 생각에 집중하라. 당신이 원하는 것이 이루어질 것이라는 절대적인 믿음을 가져라. 당신의 믿음에 따라 실현될 것이라고 믿어라.

이때, 결단코 그 믿음을 분석하려고 하지 마라. 그 이유에 대해서는 신경 쓰지 마라. 당신이 원하고, 그것에 올바른 방법으로 집중한다면 '반드시' 소원은 성취된다. 그리고 이미 성취되었다!

08 OPEN THE MIND 5
생각의 문을 열어라

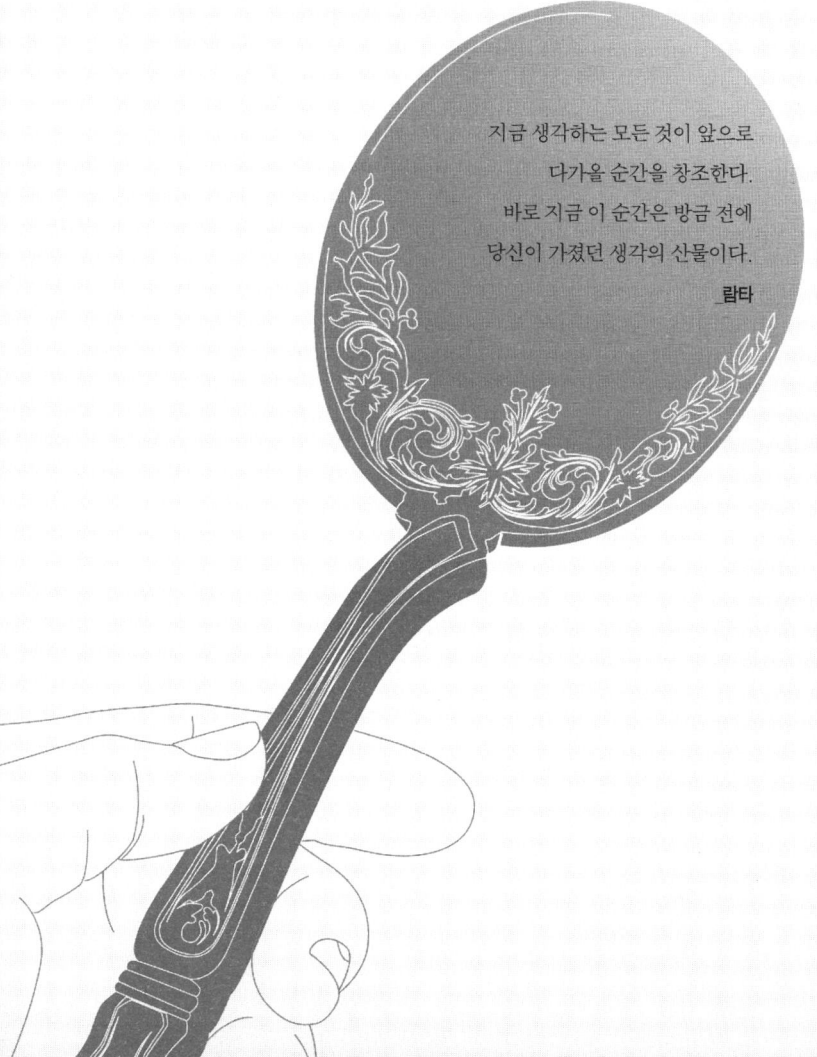

지금 생각하는 모든 것이 앞으로
다가올 순간을 창조한다.
바로 지금 이 순간은 방금 전에
당신이 가졌던 생각의 산물이다.

_람타

"생각은 기적이다"

지중해에 피그말리온이란
젊은이가 살고 있었다.
그는 볼품없는 자신의 외모 때문에
오로지 조각에만 열중하던 조각가였다.
하지만 언젠가는 사랑하는 사람을
만날 수 있을 거라는 생각으로
정성을 다해 여인상을 조각했다.
그는 실제 연인에게 하듯이
여인상 앞에 매일 꽃을 바쳤다.
피그말리온은 신께 빌었다.
자신이 조각한 여인을 사랑하게 되었으니
아내가 되게 해달라고.

그리고 여인상의 손등에 입을 맞추자
놀랍게도 조각상이 진짜 사람으로
변하는 것이 아닌가!
이 신화가 보여주는 진리에 주목하자.
당신이 보내는 생각의 파동이 강하면
그 어떤 것도 가능해진다.

생각은 실체이다

 위대한 작가 프렌티스 멀포드Prentice Mulford는 그의 철학을 다음 한 문장으로 표현했다. '생각은 실체다.' 그는 엄청난 진리를 이 몇 개의 단어로 나타냈던 것. 만약 인류가 이 말을 완전히 이해한다면, 이 세상은 근본적으로 확 바뀔 것이다. 생각은 하나의 힘이며 또한 우리 옆의 책상, 의자처럼 실제로 존재한다는 사실을 이해한다면.

 생각을 할 때 우리는 아주 미세한 파동을 내보낸다. 그 파동은 마치 미세한 기체, 액체, 고체와 같이 이 세상에 실제로 존재한다. 미세한 기체를 보지 못하듯이 우리는 생각을 보지 못한다. 순수한 공기의 냄새를 맡을 수 없듯이 생각의 냄새도 맡을 수 없다.
 하지만 우리는 그 존재를 느낄 수 있다. 마치 자석에서 자력이 나오는 것처럼. 강력한 자석은 수백 킬로그램이나 나가는 쇠 조각을 잡아당길 수도 있다. 그때 우리들은 자력을 느낄 수는 없지만, 그것이 우리의 몸을 통과하여 쇠를 끌어올 수도 있다는 사실을 안다. 생각은 그 이상이다.

마음이 낳은 자식들은 쉽게 사라지지 않는다

어떤 힘이나 물질적 실체의 존재를 증명하는 데에 오감이 반드시 필요한 것은 아니다. 과학도 그 사실을 충분히 증명하고 있다. 과학자이자 발명가인 엘리샤 그레이Elisha Gray는 『자연의 기적』에서 다음과 같이 말하고 있다.

"인간이 들을 수 없는 소리의 파동과 볼 수 없는 빛의 색깔 파동이 존재한다는 사실은 깊이 있게 성찰해 봐야 할 문제이다. 초당 진동수가 4만에서 4백조에 사이에 이르는 그 긴 구간은 인간의 귀로 들을 수 없는 영역이다. 그리고 초당 진동수가 700조가 넘어 무한대에 이르는 곳에서는 빛이 활동하지 않는다. 이 두 영역 때문에, 물리적인 운동의 세계에서도 추론이 가능해진다."

윌리엄스M.M. Williams는 자신의 저서 『과학에 대한 소고』에서 다음과 같이 말하고 있다.

"우리의 청각을 일으키는 가장 빠른 진동과 온기를 느끼게 해주는 가장 낮은 진동 사이에 어떤 중간 단계들이 있는 것은 아니다. 그 둘 사이에는 커다란 간극이 있으며, 다른 운동의 세계가 자리해도 될 만큼 충분히 넓다. 그 공간은 소리의 세계와 열과 빛의 세계 사이에 자리한다.

따라서 그곳에서의 운동을 포착하고 감각할 수 있는 기관이 있다면 그 중간에 있는 물질이나 운동을 알 수 있다고 보는 것이 사리에 맞다."

내가 과학자들의 이야기를 인용한 이유는, 실체의 존재를 증명하는 데에 오감이 반드시 필요한 것은 아니라는 사실을 보여주고자 해서이다. '생각'이 우리의 오감으로 인식되지 않는다고 하여 그 실체를 부정하는 어리석은 자가 되어서는 안 된다.

우리가 내보내는 생각의 파동은 그 생각 자체의 성질에 따라 그 특성이 달라진다. 생각에 색깔이 있다면, 근심과 공포는 분명 어두침침한 먹구름처럼 보일 것이다.

이에 비하면, 즐겁고 행복하고 자신감이 있으며 '난 할 수 있어, 해내고야 만다'라는 생각은 가볍게 피어오르는 뭉게구름이다. 그 가벼운 구름은, 공포와 근심 그리고 '난 할 수 없어'라는 생각으로 만들어진 유해 성분으로 가득한 가스층을 뚫고 위로 올라간다. 그리고는 자신들과 같은 구름들을 모으면서 거대한 구름층을 형성한다.

당신의 생각이 아무리 멀리 퍼져나가더라도, 그 파동은 여전히 당신과 아주 긴밀히 관련되어 있다. 그리고 당신뿐만 아니라 다른 사람들에게도 영향을 끼친다. 당신은 자신과 타인들에게 끼치는 그 영향력을 쉽사리 제거할 수는 없다. 그것은 당신의 '마음이 낳은 자식들'이다. 쉽사리 없앨 수가 없을 것이다.

나쁜 생각을 내보냈다면 그 영향력 아래에 이미 들어간 것이다. 그 힘에서 벗어나려면 강하고 새로운 생각을 내보내 중화하거나, '본래의 나'를 내세워 생각의 오라를 만들거나, 혹은 그 두 방법을 모두 사용해야 한다.

생각에는 끌어당기는 힘이 있다

생각에는 끌어당기는 힘이 있다. 생각의 파동은 서로 비슷한 종류의 다른 파동을 끌어온다. 이렇게 같은 것들을 끌어당기는 생각의 성질이야말로 가장 경이로운 정신현상이다. 공포나 근심은 같은 종류의 다른 생각들을 끌어들여서 결합시킨다.

결국, 당신이 내보낸 나쁜 생각들은 다른 사람들의 생각들과 서로 합쳐져 당신을 괴롭히는 무거운 짐으로 되돌아온다. 말하자면, 공포나 근심을 계속 생각할수록 그 짐은 더욱 무거워질 뿐이다. 또 나아가 공포와 근심에 쌓여 살아갈 수밖에 없는 일들이 실제로 일어난다.

반대로 당신이 밝고 즐겁고 행복한 생각을 하면 그와 같은 생각들이 모이고 모여 시너지 효과를 내며 당신은 더 밝아지고, 더 즐거워지며, 더 행복해질 것이다. 생각의 파동은 같은 생각뿐만 아니라 그러한 상황도 같이 끌어온다.

이것은 절대적인 진리이다. 직접 시도해보라. 그리고 그 예상 결과에 대해서는 확신을 가져라. 그러면 훨씬 좋은 결과가 더 빨리 나올 것이다. 반신반의하는 마음은 결과도 마찬가지다. 만약 당신이 자신감을 잃고 실의에 빠져 '해보기가 겁나', '난 할 수 없어'라는 종류의 생각을 한다면, 그와 같은 음울한 또 다른 생각들을 불러온다. 결국 진짜로 '할 수 없는' 상태가 된다. 더 나아가 다른 모든 사람들도 당신을 무능하게 여기게 될 거다.

하지만 반대로, 마음을 다잡고 진지한 자세로 자신 있게 '난 할 수 있어, 해내고 만다!'라는 생각의 파동을 내보내 보라. 그리하면 그와 비슷한 종류의 다른 생각들이 모여들 것이고, 그 생각들은 기운을 북돋아 당신을 더 강하게 만들어 줄 것이다.

저주는 둥지로 되돌아온다

만약 누군가를 질투하고 있다면? 그 생각들은 자기와 비슷한 친구들을 데려온다. 그런 생각들이 다 사라질 때까지 불행에서 벗어나지 못하고 버둥거릴 것이다. 미움도 마찬가지다. 그런 음울한 생각들은 더 강한 파동이 되어 되돌아온다. 그래서 당신에게 해를 끼치게 될 것이다.

이런 경우를 두고 '저주는 둥지로 되돌아온다.'라고 한다. 저주는 누워서 뱉은 침처럼 다시 그 자리로 돌아온다. 노여운 생각은 다른 사람의 노여움을 촉발시킨다. 그리고 끔찍하게도 그 사람은 다시 분한 생각의 파동을 돌려보낸다.

이렇게 성난 생각의 파동들이 섞여 나쁜 일을 하는 데 일조한다. '사람들은 항상 자기가 보고 싶은 것을 본다.' 라는 말이 있다. 당연히 그렇게 보일 수밖에 없다. 왜냐하면 그의 생각은 같은 종류의 생각만을 끌어들이고, 따라서 그의 눈에는 세상이 온통 그렇게 보이기 때문이다.

선한 생각은 선을 가져오고, 악한 생각은 악을 가져온다. 어떤 사람을 싫어해서 미운 생각을 내보내면, 그 결과 당신이 미움을 받는다. 곧 당신에게는 미움과 증오로 가득 찬 세상이 펼쳐진다.

생각의 세계에서는 보낸 것을 꼭 되돌려 받는다. 그것도 이자까지 붙여서. 오싹하며 소름이 끼치지 않는가? 친절한 생각을 보내면 친절한 생각들이 되돌아온다. 그것도 이자까지 듬뿍 더해져서 말이다.

자, 그럼 셈은 간단하지 않은가? 이해타산의 관점에서 보더라도 좋은 생각을 하는 것이 이득이다. 그러니 일주일 정도, 아니 하루만이라도 이런 좋은 생각들만 해보자. 바로 변화를 느낄 수 있을 것이다. 좋은 생각은 복으로 돌아온다.

이제 당신은 예전에 가졌던 불행과 고통 같은 열등한 생각을 다시는 하고 싶지 않을 것이다. 당신에게 되돌아오는 생각의 파동이 얼마나 위력적인지 깨달으면, 당신의 인생은 완전히 달라질 테니 도전해보라. 그것도 지금 당장 시작하라. 결코 후회하지 않을 것이다!

생각은 행동을 통해 자신을 드러낸다

성공한 사람들은 모두 강력하고도 집중된 생각의 파동을 내보낼 수 있다. 믿기지 않을지도 모르겠으나 사실이다. 그들은 어떤 특정 종류의 생각들에 몰입한다. 그리고 그 생각들을 이어가기 위해 '본래의 나'를 계속 생각한다. 그러면 '본래의 나'로부터 나오는 강력한 의지의 도움을 받을 수 있다.

이제 그 생각들이 구체화되며 처음에 목표했던 그곳까지 갈 수 있다. 어떤 사람들은 그렇게 목표를 잡아가긴 하지만 생각을 계속 붙잡지 못한 까닭에 중간에 실패하기도 한다. 그리고는 의욕을 잃고 낙심하여 원래 목표에서 점점 멀어져간다.

하나의 생각을 성공적으로 구체화하려면 세 가지가 필요하다. 첫째 강렬한 열망, 그저 원하는 것만으로는 부족하다. 둘째, 자신에게 그 열망을 달성할 능력이 있다는 것에 대한 믿음. 긴가민가해서는 안 된다. 셋째, 반드시 이루고야 말겠다는 확고한 결심. 그저 '한번 해볼까'라는 마음도 역시 사절!

당신이 성공할 수 있느냐의 여부는 실제적으로 스스로 할 수 있다는 믿음이 있느냐에 달려 있다. 완전히 믿지 못하면 그 결과도 뻔하다. 반면, '성공할 것이다.'라는 확신을 가지면 기적 같은 놀라운 결과가 생긴다. 놀랍지 않은가? 그와 같은 믿음을 얻으려면 마음으로 원하는 것을 열망하면서 확신을 가져야 한다. 그러면 성공할 것이다.

자, 여기서 정신 바짝 차리고 주의할 것에 귀 기울이길. 그저 이루어지길 바라지 말고, 당신이 찾고 구하는 것이 '이미 벌써 이루어졌음'을 마음에서 정말로 받아들이길. 이 미묘한 차이가 아주 다른 결과를 가져온다는 걸 알기만 해도 당신은 벌써 성공한 것이나 다름없다.

강한 욕구로 생각의 파동을 집중적으로 보내는 사람은 그저 앉아서 기다리지 않는다. 그의 열망이 그를 가만두지 않기 때문이다. 강렬한 소망은 용수철처럼 그를 튕겨내 움직이게 한다.

'생각은 행동을 통해서 자신을 드러낸다.' 믿음이 확고할수록 행동에도 자신감이 넘쳐나는 것이다. 당신도 '어떤 일이 일어날 때까지 기다리지 말고 나가서 뭔가를 하라.'

'오늘은 어쩐지 좋은 일이 생길 것 같아'라고 생각하며 전력을 다하라. 고요한 가운데서 마음으로 요구하라. 당신이 나가서 움직이기만 하면 소원이 이루어질 것이라고. 시작이 곧 성공이다!

당신은 성공할 수 있으며, 행복할 수 있음을 믿어야 한다. 또 그러한 소원은 이미 이루어졌음도 믿어야 한다. 그렇게 새로운 생각에 자신을 담그도록 하라. 그러면 경험을 통해 내 말이 진실임을 알게 될 것이다. 내 말을 평가하기보다는 경험하려고 노력하라. 이제 성공은 당신의 것이다!

강렬하게 원하면 무엇이든 얻을 수 있다. 원하는 것이 무엇이든 그저 그것에 대해서만 생각하라. 진지하게 도전하면 성공할 것이다. 그렇게 위대한 법칙은 작동한다. 바로 당신을 향해!

인생을 향해 큰 소망의 파동을 보내라

어느 나무꾼이 있었다. 그는 숲속의 요정이 시키는 일을 오랫동안 열심히 했다. 일을 다 마치자 그 보답으로 요정은 세 가지 소원을 말하라고 했다. 우선 배가 고팠던 까닭에 나무꾼은 "맛있는 음식을 주세요."라고 말했다. 다 먹고 나자, 찬바람이 부는 걸 느낀 그는 또 말했다.

"두꺼운 외투도 주세요."

배도 부르고, 따뜻해지자 졸리기 시작했다. 그래서 말했다.

"이왕이면 편히 누울 수 있는 침대도 주세요."

이런 식으로 나무꾼은 자신의 소원을 성취했다. 다음날, 그는 오랜 노동 후에 자신에게 남은 것이 외투밖에 없음을 깨달았다.

삶은 당신이 원하는 대로 이루어진다. 다만 너무 작게 요청하면 그렇게 될 뿐이다. 소원을 작게 요청하고는 그것이 이루어졌음에도 불평을 하는 경우를 본다. 당신의 요정은 아무리 큰 요구라 하더라도 들어준다. 이왕이면 소원을 말할 때 크고 밝게 요청하면 어떨까? 작은 생각은 자신을 작게 만들고, 큰 생각은 자신을 크게 만든다.

당신이 인생을 향해 내보내는 파동도 마찬가지이다. 그러니 큰 기대와 소망의 파동을 내보내자. 제시 B. 리튼하우스 Jessie B. Rittenhouse는 시로써 그것을 표현했다.

푼돈을 벌기 위해 인생과 흥정을 벌였지
인생은 그 이상은 주려고 하지 않더군,
하지만 저녁이 되면 볼품없는 가게에서
돈을 셀 때마다 간청했지

인생은 고용주와 다를 바 없기에
당신이 요구하는 것만 준다네,
하지만 일단 품삯이 정해지면
힘들더라도 그 일을 해야만 하지

보잘 것 없는 일을 하던 나는
경악하고 말았어,
내가 인생에 어떤 품삯을 요구하건
인생은 기꺼이 줄 수 있었단 것을 알았기에

당신의 인생은 당신이 요구하는 품삯을 그것이 얼마이든 기꺼이 들어줄 것이다. 미리 섣불리 예단하여 동전 한 닢을 두고 인생과 흥정하지 말기를.

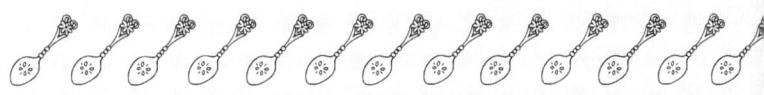

한 스푼 Tip :: 8

문제를 해결하려면 먼저 그것에 집중하고 생각을 분명하게 정리할 필요가 있다. 가장 좋은 방법은 간단한 글을 읽은 다음, 그것을 요약해 보는 것. 먼저 신문에서 기사를 하나 골라 읽어 본다. 그런 다음 그것을 얼마나 짧게 요약할 수 있는지 시도해 보자. 기사를 읽으면서 주의를 최대한 기울여 요점을 파악해 내야 한다. 제대로 요약할 수 없다면 집중력이 부족한 것이다. 글로 표현하는 대신 말로 표현해도 상관없다.

다음으로, 자신의 방으로 가서 마치 누군가와 대화를 하는 것처럼 말로 요약해 보자. 이런 훈련은 집중력을 높이고 생각하는 법을 배우는 데 대단히 효과가 있다. 신문을 이용한 간단한 훈련이지만 반복해서 할 필요가 있다. 그런 다음에는 책으로 도전한다. 책을 20분 정도 읽은 다음 그 내용을 글로 설명해 본다.

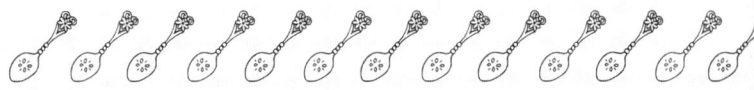

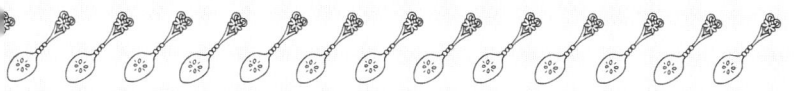

글 읽고 쓰기

처음에는 읽은 내용을 자세히는 기억하지 못하겠지만, 계속하다 보면 읽은 내용을 아주 훌륭하게 설명할 수 있다. 집중을 더 할수록 정확도도 높아진다. 시간이 넉넉하지 못하면 간단한 문장을 하나 읽고 그대로 써보는 연습을 해도 좋다. 한 문장으로 되면, 2개 혹은 그 이상의 문장을 읽고 그대로 써보자. 이런 연습을 습관이 될 때까지 해보자. 그러면 집중력이 매우 좋아질 것이다.

틈틈이 시간 나는 대로 이런 훈련을 하기만 해도 집중력은 엄청나게 좋아진다. 하나의 문장에 나오는 모든 단어를 기억하려면, 그 기억하고자 하는 것 이외의 다른 생각은 모두 밖으로 내쫓아야 하기 때문이다. 이렇게 다른 생각을 억제하는 능력을 얻는 것만으로도 이 힘든 훈련의 보상이 되고도 남는다.

변화와 성공의 큰 비밀

현재 아가페 국제 영성센터를 이끌고 있는 마이클 버나드 백위스 박사의 이야기다. 그는 학창시절 마리화나를 팔아 돈을 벌었는데, 어느 날 꿈속에서 자신이 죽는 모습을 목격한다. 그리고 일어나보니 '사랑과 아름다움'이라는 존재에 자신이 싸여 있었다고 한다. 이런 체험으로 인해 그는 마리화나 파는 일을 그만두기로 결심한다. 하지만 그 전에 체포되고 말았다. 그러나 내면에서 "걱정하지 말라"는 소리가 들렸기에 편안히 독서를 하며 시간을 보낼 수 있었다고 한다. 결국 그는 석방되었고 그 이후 그의 삶은 완전히 달라졌다.

그는 행복, 풍요, 성공 등을 허용하라고 말한다. 그가 말하는 '허용 acceptance'이라는 단어는 매우 깊은 의미를 담고 있다. 변화와 성공의 큰 비밀이 담겨져 있다. 그것은 이미 당신에게 모든 것이 있으니 자신이 '허용'하면 된다는 뜻이다. 당신이 허용할 때 그것은 이루어진다.

스스로에게 허용하자. 자신의 변화를 허용하고, 집중을 허용하고, 생각이 현실화되는 것을 허용하자. 당신의 소원이 성취되는 것을 허용하자. 그리고 그것이 이루어졌음에 감사하자. 감사는 내 안에 있는 기쁨이 밖으로 나오도록 허용을 하는 것이다. 당신이 원하는 삶을 살도록 스스로에게 허용하자. 과거는 없다. 당신은 이미 과거의 자신을 용서했으며, 보내버렸다. 당신 스스로 새로운 삶을 '허용' 했다.

당신을 위해 날마다 떠오르는 저 빛나는 태양을 보라! 꽃이 아름다운 이유는 당신이, 바로 당신이 그것을 사랑하기 때문이다. 지나가는 한줄기 바람이, 스쳐가는 향기가 의미 있는 이유는 당신이 그것을 느끼기 때문이다. 당신이 아니라면 이 우주도 아무런 의미가 없다. 그렇게 위대한 당신이 이곳 지구에 온 이유는 행복을 누리기 위해서이다. 달리 무엇으로 설명할 것인가? 그리고 어쩌면, 당신도 앳킨슨과의 이 만남을 위해 오랜 세월 기다려 왔는지도 모를 일이다.

FIND THE WAY
자신의 길을 따라 가라

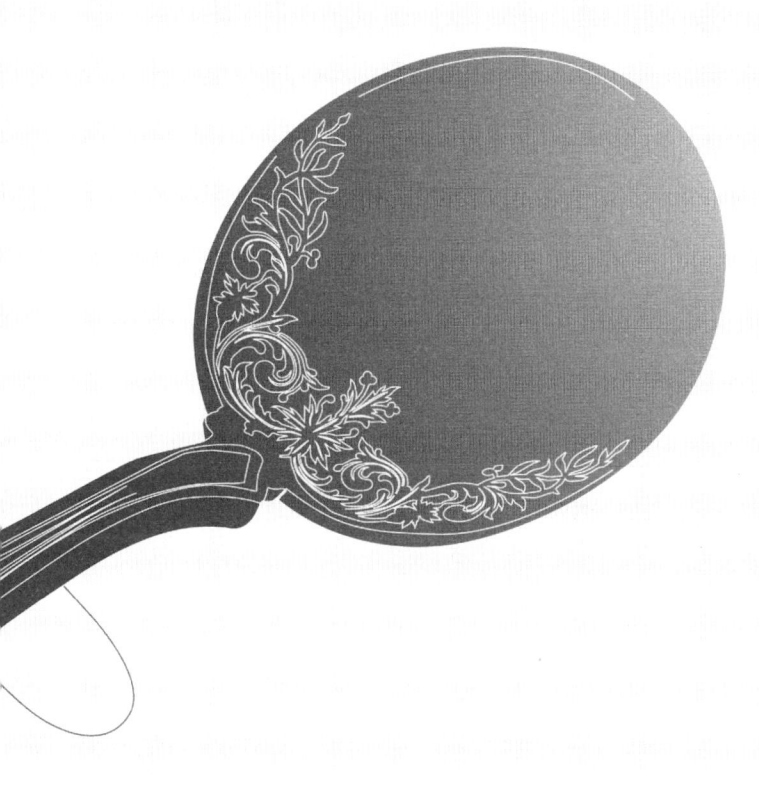

벌레처럼 비굴하게 살지 마라.

스스로를 초라하다고 생각하지 마라.

비루한 존재라고 신세한탄하지 마라.

자신을 영원히 저주받아

마땅한 '가련한 죄인' 이라고 여기지도 마라.

절대로! 강조하고 또 강조하거니와,

절대로 그렇게 생각하지 마라.

어떤 펜실베이니아 농부의 이야기이다. 벼락부자가 된 사람들의 이야기에 고무된 그의 동생은 가지고 있던 땅을 팔고서는 큰돈을 벌기 위해 캐나다로 떠났고, 석유 굴착업자가 되었다. 새로이 그 땅을 산 사람은 농장을 둘러보다가 물을 마시기 위해 소들이 몰려드는 작은 냇가를 발견했다.

그곳에 널빤지 하나가 냇가를 가로질러 놓여 있었고, 빗물에 쓸려 내려온 커다란 찌꺼기 덩어리가 그 널빤지에 걸려 있는 모습을 보게 되었다. 찌꺼기를 관찰하던 그는 석유냄새가 나는 것 같다고 생각했다. 그래서 전문가들을 불러들여 그 땅을 조사했다. 지금 그곳은 펜실베이니아에서 손꼽히는 유전이 되었다.

답을 멀리서 찾으려 하지 말자. 이미 당신 안에 모든 것이 있다! 또한 그렇게 믿고 행동할 때, 당신이 보내는 생각의 파동은 기적을 연출할 것이다. 그 작은 생각의 파동 하나만으로도 당신 안에 잠재되어 있던 능력을 계발시키는 데 부족함이 없을 것이다. 그때가 바로 당신이 행복과 성공의 문을 여는 순간이다.

지금까지 내가 한 말은 모두 진실이다. 이 책을 처음부터 읽어온 독자라면 그 사실을 직감적으로 느꼈을 것이라고 확신한다. 이 책은 대부분 '실용적인' 내용을 다루고 있다. 그렇다고 행복과 성공의 '영적인' 원리에 관심을 가지고 있는 사람들의 욕구를 막을 생각은 없다.

당신의 눈길이 어디에 가든, 그곳에 집중하면 된다. 하지만 마음의 법칙들을 잘 이해한다면 보다 기쁘고 행복한 삶이 당신을 맞이할 것이다. 당신의 개성과 능력을 알 것이며, 진정한 자아의 존재와 그 힘을 알 수 있게 될 것이다. 진정한 '나'를 인식하면 새로이 무엇을 해야 할지를 알고 그 자아를 실현시킬 수단을 확보하게 된다.

당신은 새로운 생각을 알려주는 많은 책들을 접해왔다. 하지만 거기에는 대개 거품이 많이 끼어 있다. 영양가 없는 찌꺼기만 잔뜩 들어 있기도 하다. 실질적인 방법은 없고 말만 넘쳐난다. 무슨 주의니 학설이니 지도자니 하는 말에 현혹되지 말길.

이미 진리는 당신 안에 있다. 마치 꽃이 피는 것처럼 차근차근 자연스럽게 당신에게 자신의 모습을 보여줄 것이다. '본래의 나'를 인식하면 그에 따른 보상을 받을 것이다. 당신의 마음속에 자리 잡은 그 작은 불꽃은 활활 피어올라 만물을 비출 것이다.

침착하게 그리고 진지하게 당신의 길을 가라. 서둔다고 얻어지는 것은 없다. 시끄럽게 떠든다고 힘이 센 것은 아니다. 평온하고 진지하고 끈기 있는 사람이 다른 사람들보다 훨씬 빨리 목표를 성취한다. 자신감, 바라는 목표, 평온한 마음으로 요구하는 것, 이 세 가지가 합해져서 엄청난 위력을 발휘한다. 그 사실을 깨닫기만 하면 여러 가지 문제를 해결할 수 있다.

  벌레처럼 비굴하게 살지 마라. 스스로를 초라하다고 생각하지 마라. 비루한 존재라고 신세한탄하지 마라. 자신을 영원히 저주받아 마땅한 '가련한 죄인'이라고 여기지도 마라. 절대로! 강조하고 또 강조하거니와, 절대로 그렇게 생각하지 마라.

  일어서서 고개를 들고 하늘을 보라. 어깨를 쭉 펴고 이 우주의 기운을 맘껏 들이마셔라. 그런 다음 자신에게 말하라. '나'는 영원한 생명의 일부라고. '나'는 신의 형상을 따라 지어졌으며, 신성한 생명의 숨결과 함께한다고. 그 무엇도 나를 해할 수 없으며, '나'는 영원한 존재의 일부라고.

  자신의 길을 따라가라. 새로이 발견한 힘을 키워라. 결심을 굳건히 하라. 먼저, 자신에게 해야 할 의무를 다하라. 그런 다음 다른 사람들에게 해야 할 바를 하도록 하라. 인류는 모두 형제자매임을 깨달아라.

전혀 모르는 사람이라 하더라도 형제요 자매이다. 그 형제자매에게 당신의 의견을 강요하지 말 것이며, 그들이 당신에게 자신들의 의견을 강요하게 하지도 마라. 당신이 자신의 판단이나 양심에 반하여 그들에게 굴복한다면, 당신은 자신뿐만 아니라 그 형제자매도 해치는 것이다.

어떤 사람이 당신의 한쪽 뺨을 때린다고 다른 쪽 뺨을 내밀지는 말라. 자신을 위하여 상대에게 강하게 반격하라. 하지만 상대에게 증오를 품지는 말자. 그가 '정신을 차리면' 주저 없이 그를 용서하라. 사람들은 무저항주의에 대해 오해를 하고 있다. 그것은 당신이 양이나 토끼 같은 사람이 되어야 한다는 의미는 아니다. 절대로 그런 소리가 아니다.

어떤 사람이 당신을 잘못된 길로 강요하는데, 그것을 용인한다면 당신은 그 사람에게도 잘못을 하고 있는 셈이다. 그저 그 사람에게 자신이 '어디를 공격하고 있는지'를 알게 하라. 그것이 당신이 해야 할 일이다.

하지만 당신의 마음에 미움이 자리 잡지 못하도록 하라. 한 손에는 매우 단단한 마음의 몽둥이를 들고, 가슴에는 영원한 존재의 은총을 간직하며 살아가라. 누구를 공격하기 위해서 그 몽둥이를 사용하지는 마라. 스스로를 지키기 위해 가지고 있어라.

당신이 올바른 길을 가고 있고 또한 자존심이 있는 사람이며 결코 허튼 수작을 용납하지 아니할 것이라는 사실을 세상 사람들이 알면, 그들은 당신을 존중하게 될 것이다. 자신만만하게 조용히 있는 개는 지나가는 사람으로부터 괴롭힘을 당하지 않는다. 하지만 겁먹은 표정으로 쪼그리고 있는 개는 발로 걷어차이기 십상이다.

자신만만한 개는 자기가 기대한 것을 얻는다. 사람도 그와 마찬가지이다. 당신이 이 책을 통해 알게 된 것들을 충실하게 따른다면, 쉽게 걷어차이는 일은 생기지 않을 것이다. 기억하라. 당신은 개보다 훨씬 고귀한 존재라는 사실을.

그 옛날 어느 작가가 인간이 인간에게 해야 할 의무를 다음과 같은 말로 표현했다. "누구도 부당하게 대하지 말라. 모두 각자가 자신의 의무를 다하게 하라." 이 말이 인간의 삶에서 실현된다면, 세상에는 더 이상 변호사도 법정도 감옥도 필요 없게 될 것이다. 우리의 삶은 길고도 달콤한 노래가 되리라.

다시 한번 기억해 주길 바란다. 당신이 발견한 새로운 힘을 남용하지 말기를. 그 힘을 당신 자신을 위해 자유롭게 사용하되, 정당한 방법으로 하고 다른 사람에게 해를 끼치지 마라. 이 책의 내용이 완전히 이해가 되지 않는다고 낙심할 필요는 없다.

언젠가 깨닫게 될 날이 온다. 어려운 부분은 반복해서 읽어보길. 그리고 몸과 마음의 긴장을 풀고 고요함 속으로 들어가라. 새로운 빛이 당신을 아침햇살처럼 깨울 것이다.

이제는 우리가 헤어질 시간……. 나에게는 짧지만 즐거운 여행이었다. 당신은 아무것도 일어나지 않는다는 이유로 자포자기 해버리는 사람이 아닐 것으로 믿는다. 또한 우리의 만남이 당신에게도 기쁨이었고, 후회 없는 만남이었을 거라고 확신한다.

이 책을 통해 새로운 생각, 희망, 영감을 받았다면 이제 당신에게서 행동으로 그 결과가 나타날 것이다. 새로운 생각의 파동이 당신을 행복과 성공의 길로 이끌어줄 것이다. 당신의 진정한 자아가 껍질을 깨고 나올 때, 생각은 이 우주를 바꾸는 힘을 보여줄 것이다. 그리하여 당신은 그 작은 파동 하나가 일으키는 기적을 직접 체험하게 될 것이다.